EUROPA–FACHBUCHREIHE
für Kommunikationstechnik

Lokale Rechnernetze

Aufbau, Technik, Betrieb

VERLAG EUROPA-LEHRMITTEL · Nourney, Vollmer GmbH & Co. KG
Düsselberger Straße 23 . 42781 Haan-Gruiten

Europa-Nr.: 35202

Autor:
Manfred Raschke

Lektorat:
Horst Jansen

Bildbearbeitung:
Verlag Europa-Lehrmittel, Abteilung Bildbearbeitung, Leinfelden-Echterdingen

Das vorliegende Buch wurde auf der **Grundlage der neuen Rechtschreibregeln** erstellt.

1. Auflage 2008

Druck 5 4 3 2 1

Alle Drucke derselben Auflage sind parallel einsetzbar, da sie bis auf die Behebung von Druckfehlern untereinander unverändert sind.

ISBN 978-3-8085-3520-2

http://www.europa-lehrmittel.de

Umschlaggestaltung: Media Creativ, 40723 Hilden
Satz und Grafiken: SCHRÖDER DESIGN, 04103 Leipzig
Druck: Konrad Triltsch, Print und digitale Medien GmbH, 97199 Ochsenfurt-Hohestadt

VORWORT

Kleine und große lokale Rechnernetzwerke LAN findet man heute fast an jedem Arbeitsplatz. Selbst im Privatbereich werden immer mehr Rechnernetze installiert.

Im vorliegenden Büchlein sind die notwendigen Kenntnisse, Normen, Begriffe und Bestimmungen zusammengetragen, die man bei der Planung, beim Aufbau, bei der Fehlersuche und beim Betrieb von lokalen Rechnernetzen LAN benötigt.

Der Inhalt richtet sich an Auszubildende, Facharbeiter, Teilnehmer von Fachschulen und an interessierte Fachleute, die sich in die Materie „LAN“ einarbeiten wollen. Das Buch ist so angelegt, dass eine eigenständige Erarbeitung des Themas möglich ist.

Der Verlag und die Autoren nehmen Anregungen, die zur Verbesserung des Lehrbuchs dienen, stets gerne entgegen. Schreiben Sie an **lektorat@europa-lehrmittel.de**

Frühjahr 2008 — Autor und Verlag

INHALTSVERZEICHNIS

1 GRUNDLAGEN DER LOKALEN NETZE

Die Datenverarbeitung war bis Ende der 60er Jahre des letzten Jahrhunderts bestimmt von zentralisierten Rechnersystemen. Der Rechner bestand aus der Zentraleinheit, dem Arbeitsspeicher sowie der dazu notwendigen Peripherie, wie z. B.: externe Speicher und Kartenlesegeräte. Die Verarbeitung der Daten erfolgte dabei nach dem **EVA-Prinzip**:

Eingabe - **V**erarbeitung - **A**usgabe.

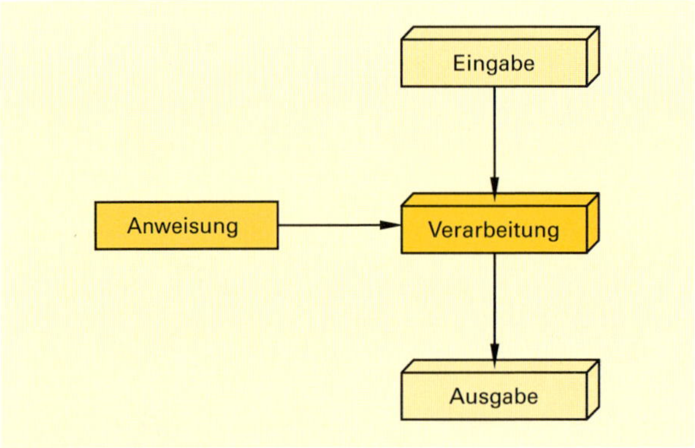

Bild 1: Prinzip der elektronischen Datenverarbeitung

Mit der fortschreitenden technischen Entwicklung kam es zu einer immer größeren Leistungsfähigkeit der Rechner. Die Entwicklung ging dahin, Rechner mit mehreren Zentraleinheiten auszurüsten, um die Verarbeitungsgeschwindigkeit zu steigern. Die Mehrprozessorsysteme sind jetzt in der Lage, mehrere Prozesse parallel zu bearbeiten, wobei die Prozessoren über den gemeinsamen Arbeitsspeicher verknüpft sind.

Diese enge Kopplung der einzelnen Prozessoren über einen gemeinsamen Arbeitsspeicher zeigt in der Anwendung schwerwiegende Nachteile. Das Fehlverhalten einer Komponente führt zum Absturz des gesamten Systems. Nachteilig ist weiter die mangelnde Wirtschaftlichkeit der Mehrprozessorsysteme. Jede Abteilung eines Betriebes oder einer Institution ist bei diesem Konzept mit einem teuren Mehrprozessorsystem ausgestattet, den sich mehrere Benutzer teilen müssen. Alles dies führte zu der Entwicklung **verteilter Systeme**. Einzelne Rechner, als Einzelplatzrechner ausgelegt, sind über ein gemeinsames Netz miteinander verbunden. Ist die Ausdehnung des Netzes räumlich begrenzt, so liegt ein **lokales Netzwerk LAN (Local Area Network)** vor.

Umfasst ein Netz den Bereich einer Stadt, so liegt ein **MAN** (**M**etropolitan **A**rea **N**etwork, Stadtnetz) vor. Es handelt sich um ein regionales Netzwerk. Es dient z. B. der schnellen Übertragung von Daten zwischen den unterschiedlichen Standorten einer Stadtverwaltung. Ein solches Netz ist auch geeignet für die Übertragung von Sprache und Videos. Der Ausdehnungsradius liegt bei 100 km und mehr. Das **WAN** (**W**ide **A**rea **N**etwork, weitflächiges Netzwerk) ist ein Weitbereichsnetzwerk. Es erstreckt sich über einen sehr großen geografischen Bereich.

Die Vernetzung mehrerer Rechner zu einem lokalen Netzwerk LAN ist unabhängig von den

Betriebsystemen der zusammengeschalteten Rechnern. Möglich wurde dies durch eine umfassende Normung der Datenübertragung und der benutzten Komponenten.

Der Vorteil dieser Vernetzung ist die gemeinsame Nutzung von Daten, d. h. die Benutzer greifen auf einen gemeinsamen Datenbestand, eine Datenbank, zu. Teure Peripheriegeräte, wie externe Speicher, Drucker, Plotter oder Scanner, können im Netz gemeinschaftlich genutzt werden.

Die Kommunikation zwischen den Nutzern wird effektiver. Mit Hilfe der elektronischen Post (E-Mail) können Nachrichten ausgetauscht werden, ohne dass Absender und Empfänger (wie beim Telefon) zur gleichen Zeit anwesend sein müssen.

Bild 1 zeigt den prinzipiellen Aufbau eines lokalen Netzes LAN. Dargestellt sind hier unterschiedliche **Netzwerk-Topologien**, die in der Praxis verwendet werden.

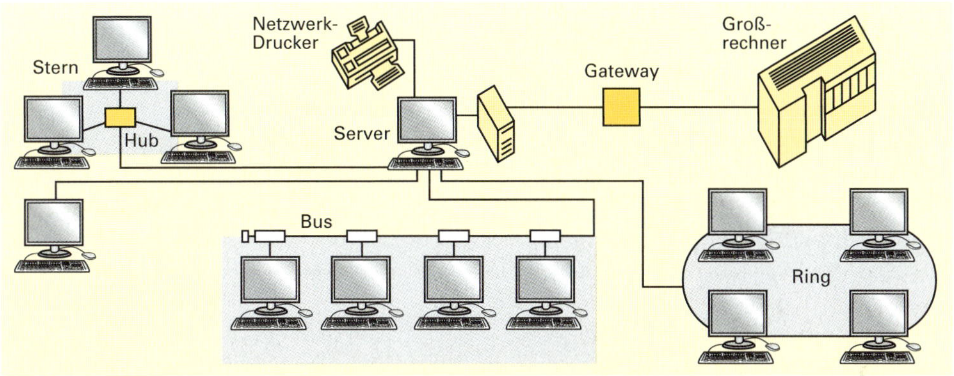

Bild 1: LAN-Arten

Lokale Netze lassen sich grundsätzlich in zwei Kategorien einteilen:

- serverbasierte Netzwerke und
- Peer-to-Peer Netzwerke.

1.1 Serverbasierte Netzwerke

Der **Server** (Dienstanbieter) ist ein leistungsfähiger Rechner mit einer großen Speicherkapazität. Der Server stellt seine Dienste, d. h. Programme, Daten, Speicherplatz und Rechenleistung, den angeschlossenen Arbeitsrechnern zur Verfügung. Der Rechner, der die Dienste anfordert, wird **Client** (Kunde) genannt. Diese Art Netz wird daher auch als **Client-Server-Netzwerk** bezeichnet (Bild 1, nächste Seite).

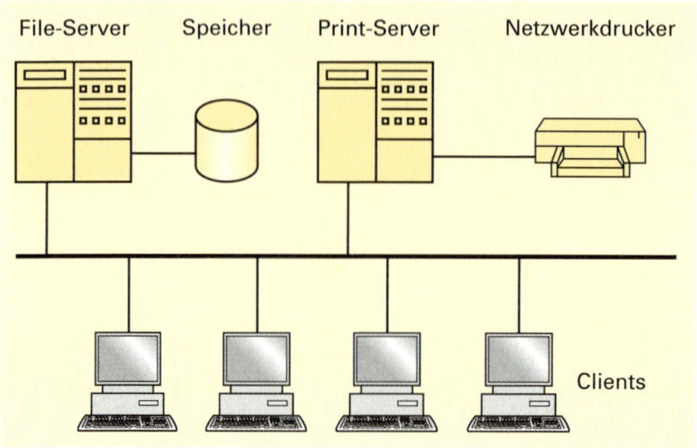

Bild 1: Client-Server-Netzwerk

Der Server ist im serverbasierten Netz die diensterbringende und der Client die dienstanfordernde Komponente.

Ein Server hat also primär die Aufgabe, den Zugriff der Clients auf seine Ressourcen (Programme, Dienste, Speicherplatz) zu ermöglichen. Gleichzeitig sorgt der Einsatz des Servers für die Gewährleistung der Datensicherheit. Die Benutzerverwaltung des Servers vergibt Zugriffsrechte an die Clients. Sie müssen sich anmelden und es ist festgelegt, ob ein Client z. B. eine Datei nur lesen darf oder auch verändern darf.

Die Aufgaben, die Server in ausgedehnten Netzen lösen müssen, sind häufig so umfangreich und komplex, dass unterschiedliche Server in einem Netz eingesetzt werden. Dabei werden u. a. die folgenden Server unterschieden.

File-Server

Der File-Server oder Datei-Server stellt den angeschlossenen Clients Speicherplatz zur Verfügung. Der File-Server dient der zentralen Speicherung von Dateien. Die zentrale Datenhaltung ermöglicht eine einfache Datensicherung.

Print-Server

Der Print-Server oder Drucker-Server sorgt dafür, dass jeder Client die im Netzwerk eingebundenen Drucker nutzen kann. Der Print-Server nimmt die Druckaufträge an, verwaltet sie, d. h. er bringt sie in eine Reihenfolge und gibt sie weiter an den Drucker.

Kommunikations-Server

Diese Server verwalten das Senden und Empfangen von Nachrichten innerhalb des Netzes. Sie stellen daneben auch Kommunikationsverbindungen zu anderen Netzen her.

Datenbank-Server

Der Datenbank-Server ist ein Rechner mit einer großen Speicherkapazität. Mit ihm werden die Datenbestände einer Datenbank oder auch mehrerer Datenbänke verwaltet. Die Daten werden von den Clients geliefert und werden auch den Clients zur Verfügung gestellt.

Proxy-Server

Die Clients in einem lokalen Netzwerk haben keinen direkten Zugang zum Internet. Benötigt ein Client Daten aus dem Internet, schickt er dazu eine Anfrage an den Proxy-Server (proxy: Vertreter). Der Proxy-Server baut eine Verbindung zum Internet auf, lädt die angeforderten Daten herunter und schickt diese an den anfordernden Client.

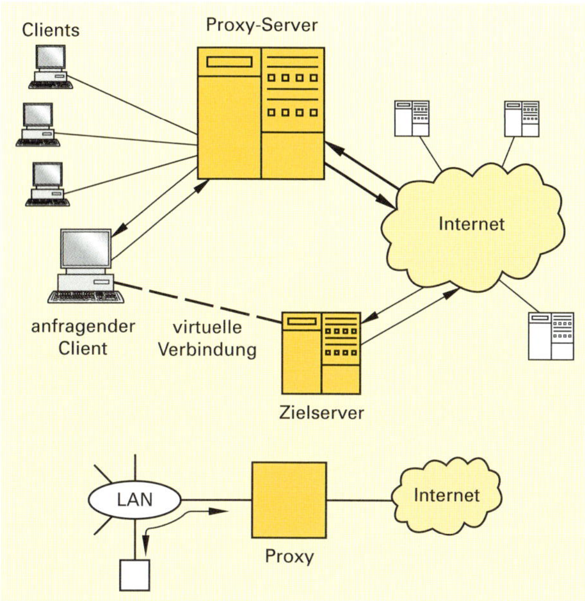

Bild 1: Anwendung des Proxy-Servers

Der Proxy-Server tritt für den Anwender nicht in Erscheinung. Es besteht zwischen Client und Zielserver eine virtuelle Verbindung (virtuell: scheinbar).

Terminal-Server

Der Terminal-Server bildet (emuliert) für die Arbeitsplatzrechner, die Clients, die Arbeitsumgebung nach. Die Anwender im lokalen Netz finden auf ihren Rechnern das vom Terminal-Server emulierte Desktop (Desktop: Bildschirm-Arbeitsoberfläche) vor. Der Rechner, der als Client arbeitet, bezieht also seine Daten und auch sein Desktop von Servern. Das hat zur Folge, dass der Client eine nur eingeschränkte Hardware-Ausstattung benötigt. Für den Betrieb eines Clients in solch einem serverbasierten Netzwerk benötigt der Client nur Ein- und Ausgabefunktionen. Unter diesen Voraussetzungen handelt es sich um einen **Thin-Client** (einfacher Arbeitsplatzrechner).

Im Gegensatz dazu ist der **Fat-Client** (fat: dick, fett) mit einer hohen Rechenkapazität ausgestattet. Er ist ein voll ausgestatteter Rechner mit einem eigenen Betriebssystem, CD-ROM-Laufwerken und leistungsstarken Grafikkarten. Der Server stellt nur noch auf Anforderung Daten zur Verfügung, die dann im Fat-Client bearbeitet werden.

1.2 Peer-to-Peer-Netzwerke

In einem **Peer-to-Peer-Netzwerk** sind gleichberechtigte Rechner zu einem lokalen Netz zusammengeschaltet. Die Rechner, die in diesem Netzwerk eingebunden sind, werden als Peer (Gleichgestellter) bezeichnet.

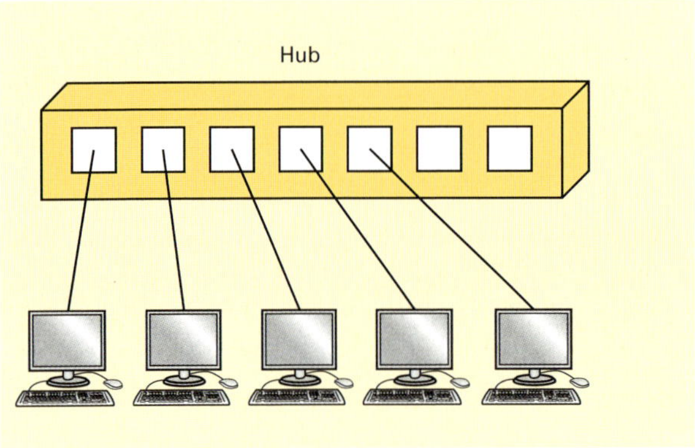

Bild 1: Peer-to-Peer-Netzwerk

Jeder Rechner stellt den anderen Rechnern seine Ressourcen zur Verfügung. So kann jeder Rechner als Server seine Dienste anbieten oder als Client die Dienste wahrnehmen. Daraus ergibt sich, dass es in diesen Netzen keinen Netzwerkverwalter gibt. Jeder Teilnehmer ist für seinen Rechner verantwortlich und bestimmt für sich, welche Dienste er für andere Teilnehmer freigeben will. Die Datensicherung muss von jedem „Peer" selber vorgenommen werden. Da die Zugriffsrechte nicht zentral vergeben werden, ist die Datensicherheit nicht gegeben. Peer-to-Peer-Netzwerke werden häufig für Netze mit einer geringen Ausdehnung eingerichtet.

Aufgaben

1	Nennen Sie die Aufgaben eines Computernetzwerkes.
2	Unterscheiden Sie zwischen den Netzwerken: LAN, MAN und WAN.
3	Unterscheiden Sie zwischen serverbasierten Netzwerken und Peer-to-Peer-Netzwerken.
4	Welche Funktionen nehmen Server in serverbasierten Netzwerken wahr?
5	Erklären Sie die Unterschiede zwischen einem Fat-Client und einem Thin-Client.

2 NETZWERK-TOPOLOGIEN

Eine Anzahl von Rechnern (PC) kann auf unterschiedliche Weise zu einem lokalen Netzwerk geschaltet werden. Die Art der Rechner-Verbindung wird als Topologie bezeichnet. Die Topologie beschreibt also die Struktur des Netzwerkes. Diese Struktur ist unabhängig davon, ob ein Netzwerk ein Peer-to-Peer-Netzwerk ist oder auf einem zentralen Server basiert. Die Netzwerk-Topologie beschreibt lediglich die Art der Verkabelung. Es werden in der Praxis im Wesentlichen drei unterschiedliche Netzwerk-Topologien unterschieden: Bus-Topologie, Stern-Topologie und Ring-Topologie. Daneben kommen noch Mischformen dieser drei Topologien zum Einsatz: die Baum-Topologie, die Stern-Bus-Topologie, die Stern-Ring-Topologie, die vermaschte Topologie und die Zell-Topologie. Die Topologien werden unterschieden nach der physischen Topologie und der logischen Topologie. Die physische Topologie beschreibt die Art und Weise der Netzverkabelung. Sie umfasst die Hardware. Die logische Topologie beschreibt den Ablauf des Datenaustausches zwischen den Rechnern und wird von der Software bestimmt.

2.1 Bus-Topologie

Die Bus-Topologie ist die am häufigsten verwendete Methode für die lokale Vernetzung. Alle Rechner sind über einen gemeinsamen Leiter, den Bus, miteinander verbunden (Bild 1). Das bedeutet, dass alle Stationen untereinander Daten austauschen können.

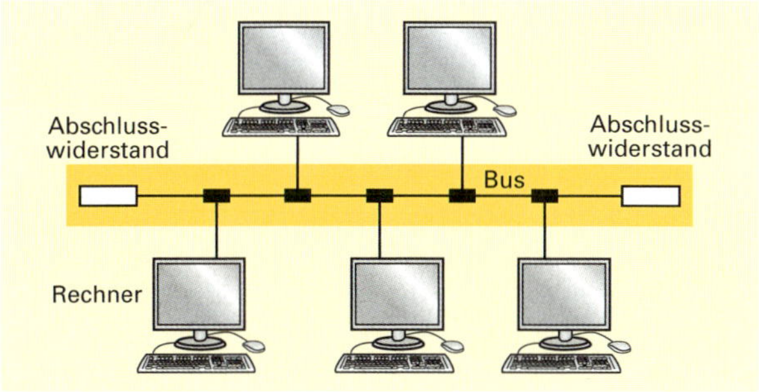

Bild 1: Bus-Topologie

Senden zwei Rechner zur gleichen Zeit über den Bus ihre Daten, so kommt es zu einer Kollision. Die Informationen überlagern sich und können nicht mehr von den Empfängern gelesen werden. Die Datenübertragung ist gestört. Gefordert ist also, dass während der Zeit, in der eine Datenübertragung stattfindet, keine andere Stationen Daten auf dem Bus übertragen darf. Die Bus-Topologie lässt sich problemlos um zusätzliche Rechner erweitern. Der Ausfall einzelner Stationen beeinträchtigt den Datenaustausch zwischen zwei anderen Rechnern am Bus nicht. Eine Unterbrechung des Busses führt dagegen immer zu einem Totalausfall des Netzes. Nachteilig ist die geringe räumliche Ausdehnung des Netzes. Die Ursache dafür ist die Dämpfung des zu übertragenden Signals durch das Übertragungsmedium. Die Dämpfung nimmt mit der Leitungslänge zu. Bei zu langen Leitungen wird die Nachricht unzulässig stark gedämpft. Für den Empfänger ist es dann nicht mehr möglich, die Nachricht zu lesen.

Bus-Topologie		
Eigenschaften Alle Stationen sind an ein gemeinsames Übertragungsmedium angeschlossen. Gemeinsamer Zugriff auf das Übertragungsmedium.	**Vorteile** Problemlose Erweiterung ohne Unterbrechung des Netzwerkbetriebs. Keine Störung bei Ausfall einzelner Stationen.	**Nachteile** Ein Kabelbruch führt zum Totalausfall des Netzes. Geringe Ausdehnung des Netzes aufgrund der Leitungsdämpfung.

2.2 Stern-Topologie

Bei der Stern-Topologie sind die Rechner sternförmig miteinander vernetzt (Bild 1). Sämtliche Rechner sind dabei mit einem zentralen Server (Knotenrechner) verbunden. Der Datenaustausch und die Vermittlung (Adressierung) erfolgt über diesen Server. Eine direkte Kommunikation der Rechner untereinander ist nicht möglich. Ein Peer-to-Peer-Betrieb lässt sich deshalb mit dieser Topologie nicht realisieren.

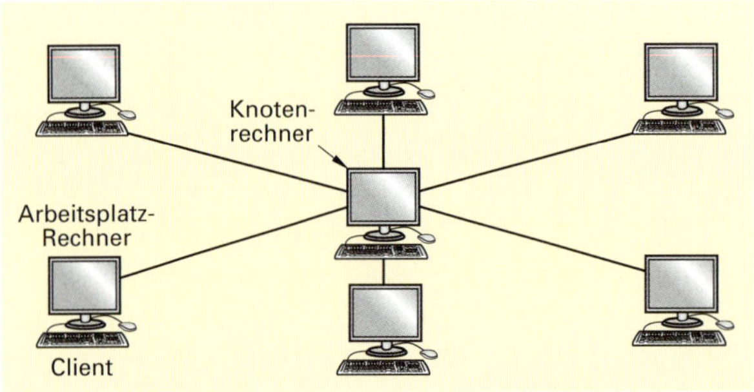

Bild 1: Stern-Topologie

Will eine Sendestation Daten übermitteln, so teilt sie ihre Sendeabsicht dem Knotenrechner mit, der dann die geforderte Vermittlung übernimmt. Treffen viele Anforderungen ein, so muss der Knotenrechner eine ausreichende Speicherkapazität haben, um alle Anforderungen berücksichtigen zu können und damit einen Datenstau zu verhindern.

Eine andere Möglichkeit den Datenaustausch und die Vermittlung zu steuern, ist das **Polling**-Verfahren. Der Knotenrechner fragt bei diesem Verfahren nacheinander alle am Stern angeschlossenen Rechner ab, ob sie Daten übermitteln wollen. Trifft dies zu, wird der sendewillige Rechner weitervermittelt.

Fällt der Knotenrechner aus, ist das Netzwerk nicht mehr betriebsbereit. Der Ausfall von Arbeitsplatz-Rechnern (Clients) oder eine Leitungsunterbrechung zwischen Server und einem Rechner hat keinen Einfluss auf die Betriebsfähigkeit des übrigen Netzwerkes.

Die Vernetzung und die zusätzliche Erweiterung des Netzes ist einfach. Allerdings ist sie mit einem hohen Verkabelungsaufwand verbunden.

Stern-Topologie		
Eigenschaften Alle Arbeitsplatz-Rechner sind direkt an einem zentralen Knotenrechner angeschlossen.	**Vorteile** Problemlose Erweiterung ohne Unterbrechung des Netzwerkbetriebs. Keine Störung bei Ausfall einzelner Stationen.	**Nachteile** Ein Ausfall des Knotenrechners führt zum Totalausfall des Netzes. Keine unmittelbare Verbindung zwischen den Stationen.

2.3 Ring-Topologie

Bei der Ring-Topologie werden alle teilnehmenden Rechner (Clients) ringförmig über ein Kabel miteinander verbunden (Bild 1). Die Datenübertragung im Ring erfolgt dabei gerichtet, d. h. der Datenfluss erfolgt nur in einer Richtung. Jeder Rechner ist über ein Ring-Interface (Schnittstelle), die Ringankopplung, mit dem Kabel verbunden. Die Schnittstelle steuert den Datentransport. Sie entscheidet, ob eine Nachricht von dem Rechner unverändert an einen anderen Rechner weiter gegeben wird, verändert weitergegeben wird oder ob sie aus dem Ring entfernt wird.

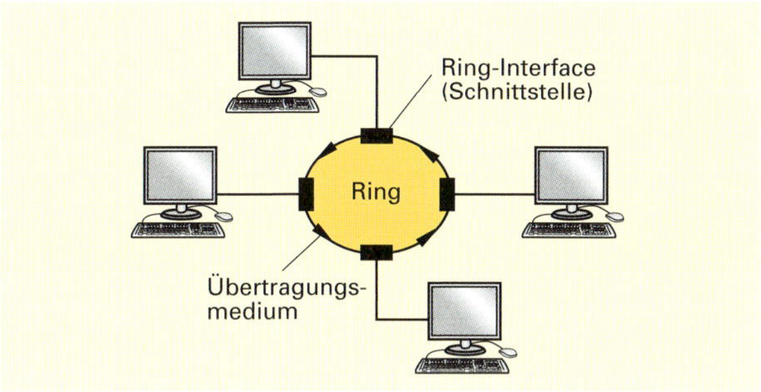

Bild 1: Ring-Topologie

Bei Ausfall eines Arbeitsplatz-Rechners oder bei Unterbrechung der Leitung ist kein Datenaustausch mehr möglich.

Ring-Topologie		
Aufbau und Eigenschaften Die Rechner sind zu einem Ring zusammengeschaltet. Jeder Rechner leitet die Daten verstärkt weiter. Die Daten passieren den Ring nur in einer Richtung.	**Vorteile** Problemlose Erweiterung mit Unterbrechung des Netzwerkbetriebs. Die Anzahl der Rechner kann sehr groß sein, da das Signal von jeder Station verstärkt wird.	**Nachteile** Ein Kabelbruch oder der Ausfall eines Rechners führt zum Totalausfall des Netzes. Hohe Übertragungsdauer, da die Daten unter Umständen viele Rechner passieren müssen, um die Zielstation zu erreichen.

2.4 Sternförmige Ring-Topologie

Die sternförmige Ring-Topologie (Bild 1) vermeidet den Totalausfall des Netzes bei einem Kabelbruch oder beim Ausfall eines Rechners. Sämtliche ankommenden und abgehenden Leitungen der Rechner werden durch eine „Zentrale" geführt. Es entsteht physisch eine sternförmige Ringstruktur. Bei Ausfall einer Station oder bei einer Unterbrechung des Netzes kann in der Zentrale der gestörte Netzabschnitt durch einen Kurzschluss überbrückt werden, so dass das übrige Netz funktionsfähig bleibt.

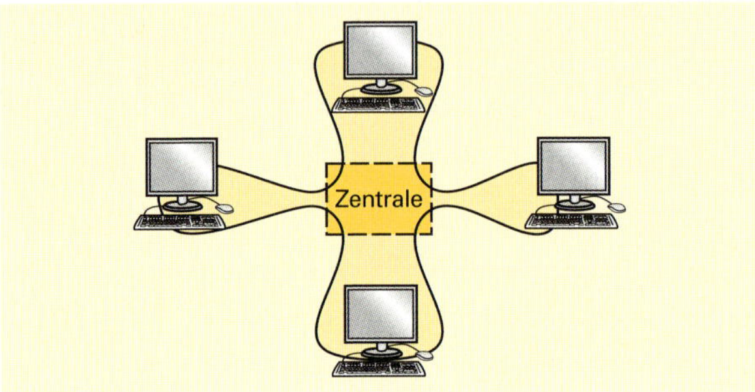

Bild 1: Sternförmige Ring-Topologie

2.5 Baum-Topologie

Die Baum-Topologie (Bild 2) ist mit der Stern-Topologie verwandt. Sie entsteht aus der Zusammenschaltung mehrerer Stern-Topologien zu einem Netzwerk. Jeder Rechner des Netzwerkes ist mit seinem Knotenrechner verbunden. Die Knotenrechner sind untereinander baumförmig verbunden. Die Baum-Topologie eignet sich z. B. für Netze in mehrstöckigen Gebäuden. Sie lässt sich problemlos erweitern. Nachteilig ist der Funktionsverlust beim Ausfall eines Knotenrechners.

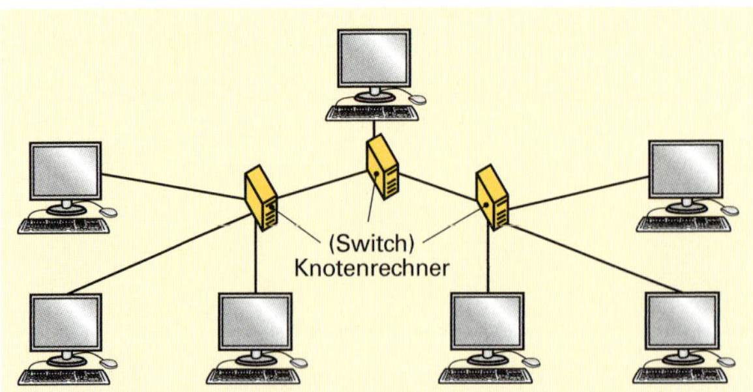

Bild 2: Baum-Topologie

Baum-Topologie		
Aufbau und Eigenschaften Mehrere Stern-Topologien sind über Knotenrechner zusammengeschaltet.	**Vorteile** Problemlose Erweiterung ohne Unterbrechung des Netzwerkbetriebs.	**Nachteile** Bei Ausfall eines Knotenrechners ist der darunterliegende Teil des Netzes nicht mehr funktionsfähig.

2.6 Vermaschte Topologie

In einem Netz, das in der vermaschten Topologie aufgebaut ist, ist jeder Rechner mit einem oder auch mehreren anderen Rechnern verbunden (Bild 1). Ist jeder Rechner mit allen anderen Rechner verbunden, so liegt ein vollständig vermaschtes Netz vor. Bei dieser Topologie sind viele redundante (redundant: nicht notwendig) Verbindungen vorhanden, d. h. die Daten können auf unterschiedlichen Verbindungswegen zwischen den Rechnern ausgetauscht werden. Dies erhöht die Sicherheit der Datenübertragung. Defekte Rechner oder unterbrochene Verbindungen führen meistens nicht zu einem Abbruch der Datenübermittlung. Eingesetzt wird diese Topologie immer dann, wenn aus Sicherheitsgründen der Datenaustausch nicht unterbrochen werden darf. Nachteilig ist der hohe Verkabelungsaufwand und die damit verbundenen hohen Kosten.

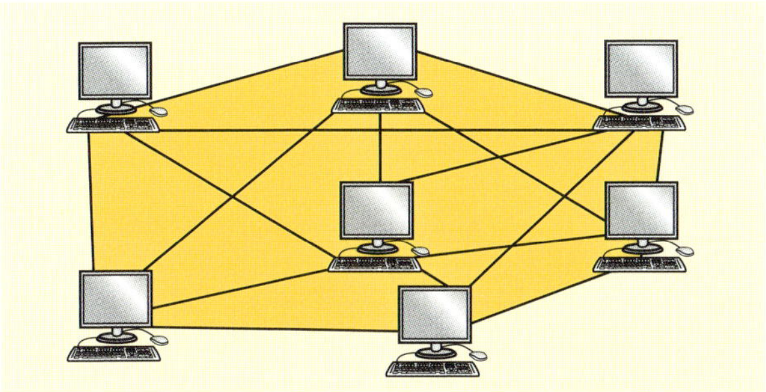

Bild 1: Vermaschte Topologie

Vermaschte Topologie		
Aufbau und Eigenschaften Jeder Rechner ist mit einem oder mehreren anderen Rechnern verbunden.	**Vorteile** Sehr hohe Ausfallsicherheit. Hohe Datenübertragungsgeschwindigkeit. Keine zentrale Verwaltung.	**Nachteile** Aufwendige Installation verbunden mit hohen Kosten.

2.7 Zell-Topologie

Drahtlose Netzwerke (WLAN; W, engl.: **w**ireless, drahtlos) verwenden die Zell-Topologie (Bild 1, nächste Seite). Hier sind die Rechner per Funk zu einem Netzwerk miteinander verbunden. Als Zelle bezeichnet man den Bereich, in dem eine drahtlose Datenübertragung zwischen zwei Rechnern möglich ist. Die Rechner sind dazu mit Netzwerkadaptern ausgerüstet, die es ermöglichen, dass die Rechner als Sender und als Empfänger drahtlos ihre Daten senden und empfangen können.

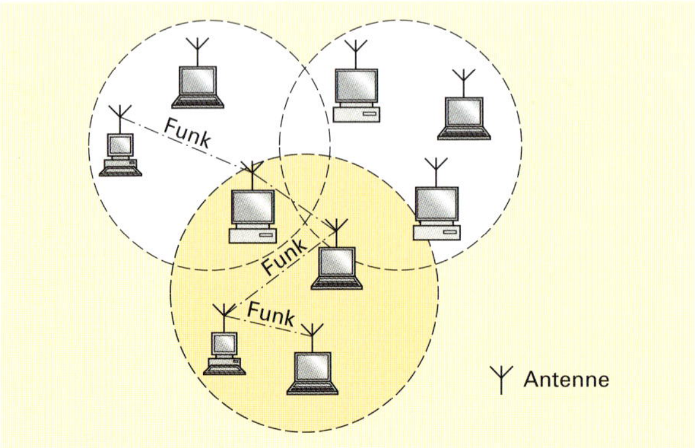

Bild 1: Beispiel einer Zell-Topologie

Zell-Topologie		
Aufbau und Eigenschaften Bei der Zell-Topologie sind die Rechner drahtlos zu einem Netzwerk miteinander verbunden.	**Vorteile** Keine Verkabelung notwendig. Der Ausfall eines Rechners stört nicht die anderen Verbindungen.	**Nachteile** Die Datenübertragung ist störanfällig.

Aufgaben

1	Erläutern Sie die Vor- und Nachteile der gebräuchlichen Netzwerk-Topologien.
2	Warum kann ein Netzwerk mit einer Stern-Topologie nicht als Peer-to-Peer-Netzwerk verwendet werden?
3	Entwickeln Sie aus der Stern-Topologie und der Bus-Topologie eine Baum-Topologie.
4	Vergleichen Sie die Bus-Topologie mit der Ring-Topologie und geben Sie Vor- und Nachteile der beiden Topologien an.
5	Unter welchen Bedingungen kann es bei einem Netz in Bus-, Stern- oder in Ring-Topologie zum Totalausfall des Netzes kommen?
6	Skizzieren Sie ein Netz, das aus einer Mischform aus Bus- und Stern-Topologie besteht.
7	Welche Vor- und Nachteile hat eine Busverkabelung gegenüber einer sternförmigen Verkabelung?
8	Welche Bedeutung hat die Zelle bei der drahtlosen Datenübertragung?

3 ÜBERTRAGUNGSMEDIEN FÜR LOKALE NETZE

Übertragungsmedien verbinden Rechner, Drucker und Netzwerkgeräte untereinander. Bild 1 zeigt einen Überblick der verschiedenen Übertragungsmedien in der Netzwerktechnik. Die am häufigsten zur Anwendung kommenden Kabeltypen sind das symmetrische Kabel mit verdrillten Kupferadern und der Lichtwellenleiter (LWL).

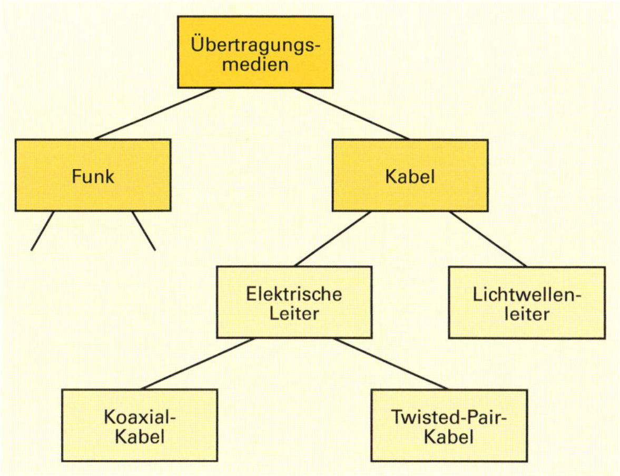

Bild 1: Übertragungsmedien für Rechennetze

3.1 Koaxial-Kabel

Das Koaxial-Kabel hat einen Innenleiter, der aus einem massiven Kupferdraht oder aus Drahtlitze besteht. Der Innenleiter ist von einem Kunststoffmantel umgeben, der den Innenleiter vom Außenleiter isoliert. Der Außenleiter besteht aus einem Aluminiumdrahtgeflecht oder bei hohen Anforderungen aus einer Metallfolie. Der Außenleiter wirkt als Abschirmung gegen Fremdeinkopplungen. Das Koaxial-Kabel hat damit eine hohe Nebensprechdämpfung. Dazu muss der Außenleiter, die Schirmung, geerdet werden. Zwischen dem Innenleiter und der „Erde" besteht daher ein Potenzialunterschied. Koaxial-Kabel sind daher unsymmetrische Leiter.

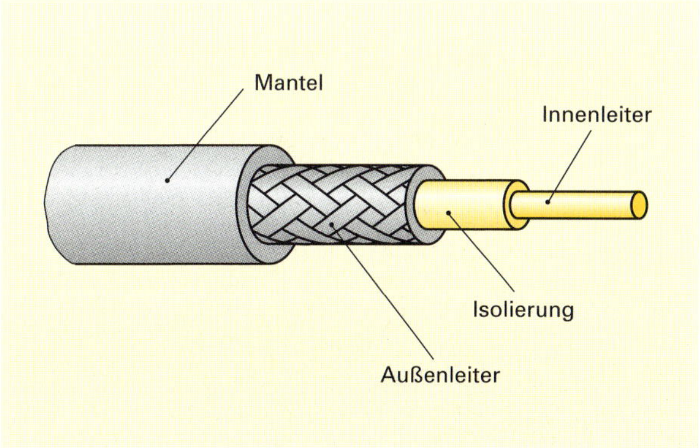

Bild 2: Koaxial-Kabel

Der Außenleiter ist von einem Kunststoffmantel umgeben, der das Koaxial-Kabel vor mechanischen Schäden schützt.

In der Netzwerktechnik werden zwei Kabeltypen unterschieden:
- das **Thinnet-Kabel** und
- das **Thicknet-Kabel**.

Das Thinnet-Kabel ist ein dünnes (thin), flexibles, billiges und leicht zu verlegendes Koaxial-Kabel. Sein Innenleiter besteht aus einer flexiblen Kupferlitze und hat einen Durchmesser von ungefähr 0,9 mm. Da es bei der Anschaffung und der Verlegung nur geringe Kosten verursacht, wird das mit diesem Koaxial-Kabel aufgebauten Netz auch mit **Cheapernet** (cheap: billig) bezeichnet. Die maximale Länge des Kabels zwischen zwei Stationen darf auf Grund seines relativ hohen elektrischen Widerstandes und der damit verbundenen hohen Dämpfung maximal 185 m lang sein.

Das Thicknet-Kabel ist, wie der Name sagt, dicker (thick) und damit nicht so leicht zu verlegen. Der Innenleiter besteht aus einem massiven Kupferleiter. Die Ummantelung, die auch das Kabel mechanisch schützt, hat eine gelbe Farbe. Deshalb wird das Thicknet-Kabel auch als **Yellow-Cable** bezeichnet. Die Dämpfung ist gegenüber dem Thinnet-Kabel geringer, weil der Innenleiter einen größeren Querschnitt hat. Es können daher bis zu 500 m ohne zusätzliche Netzwerkgeräte überbrückt werden.

Die Datenübertragungsgeschwindigkeit beträgt für beide Kabelarten 10 Mbit/s. Der Wellenwiderstand der beiden Übertragungsmedien ist ebenfalls gleich und hat den Wert $Z_w = 50\ \Omega$.

Die Verwendung von Koaxial-Kabeln nimmt aus preislichen Gründen immer mehr ab, obwohl die Übertragungseigenschaften hinsichtlich der Übertragungsbandbreite, der Dämpfung und der Abschirmung als gut zu bezeichnen sind. In lokalen Netzen größerer Ausdehnung wird das Koaxialkabel durch Twisted-Pair-Kabel und durch Lichtwellenleiter ersetzt.

3.2 Twisted-Pair-Kabel (TP-Kabel)

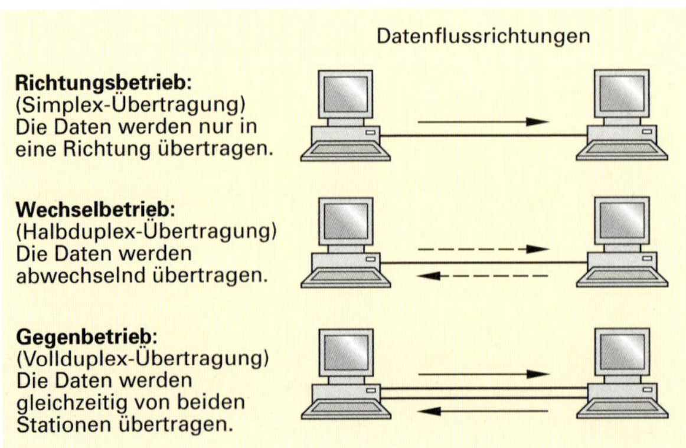

Bild 1: Betriebsarten mit Twisted-Pair-Kabel

Twisted-Pair-Kabel (paarweise verdrillte Adern) bestehen je nach Ausführung aus einem oder aus zwei verdrillten Kupferader-Paaren. Bei der vieradrigen Ausführung wird ein Adernpaar (zwei Drähte) für das Senden und das andere Adernpaar für den Empfang benutzt. Mit den beiden Paaren sind damit beide Übertragungsrichtungen zwischen Sender und Empfänger zeitgleich im Gegenbetrieb **(Duplexbetrieb)** möglich. Kommt nur ein Aderpaar zur Anwendung, können die Daten nur in einer Richtung übertragen werden. Es liegt ein **Richtungsbetrieb** bzw. **Simplexbetrieb** vor. Für einen **Wechselbetrieb** oder **Halbduplexbetrieb** wird ebenfalls nur ein Aderpaar verwendet. Bei dieser Betriebsart werden die Daten abwechselnd mal in die eine und mal in die andere Richtung übertragen.

Die gegenseitige elektromagnetische Beeinflussung bei parallel verlaufenden Leitungen macht sich als **Nebensprechen** störend bemerkbar. Durch die paarweise Verdrillung wird erreicht, dass elektrische Störungen weitgehend vermieden werden.

Gleichzeitig bewirkt das Verdrillen, dass vom Kabel keine Störungen abgestrahlt werden. Die beiden Adern-Paare sind noch miteinander verdrillt. Gegenseitige Beeinflussungen durch eine elektrische Kopplung der beiden Paare werden damit wirksam unterdrückt.

Twisted-Pair-Kabel gibt es in verschiedenen Ausführungen. Die Bezeichnungen der Kabel sind genormt. Sie bestehen aus maximal 5 Buchstaben, die nach dem Prinzip **aa/bTP** angeordnet sind.

Die beiden letzten Buchstaben **(TP)** stehen für Twisted-Pair. Das **b** gibt Auskunft über die Aderschirmung. Es werden hier die Buchstaben **U** und **F** verwendet. Das U steht für **„Unshielded"** (ungeschirmt) und das F für **„Foiled"** (foliengeschirmt). Die beiden ersten Buchstaben aa geben die Art der Gesamtschirmung an. Ein U oder F steht wieder für „Unshielded" bzw. für „Foiled". Ein **S** an dieser Stelle steht für **„Screened"**. Das Kabel ist mit einem Metallgeflecht abgeschirmt.

UTP-Kabel
Das UTP-Kabel (UTP: Unshielded-Twisted-Pair) ist ein ungeschirmtes, paarweise verdrilltes Kabel und hat zwei oder auch vier Leiterpaare. Die Leiterpaare sind ebenfalls miteinander verdrillt.

STP-Kabel
Beim STP-Kabel (STP: Shielded-Twisted-Pair) sind die verdrillten Paare einzeln abgeschirmt. Die Abschirmung erfolgt mit einer Metallfolie oder mit einem Geflecht aus Aluminium. Dadurch wird das Nebensprechen reduziert.

S/UTP-Kabel
Bei diesem Kabel sind die einzelnen Adernpaare nicht abgeschirmt. Sie verfügen aber über einen gemeinsamen Außenschirm S.

S/STP-Kabel
Sowohl das gesamte Kabel, als auch die einzelnen Adernpaare sind beim S/STP-Kabel geschirmt (Bild 1, nächste Seite). Störungen von außen oder Störabstrahlungen werden mit der Abschirmung noch effektiver unterdrückt, wobei das S/STP-Kabel die höchsten Anforderungen erfüllt.

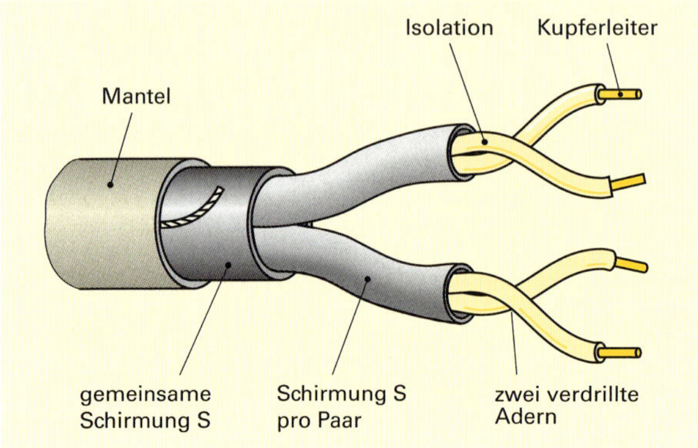

Bild 1: Screened-Shielded-Twisted-Pair-Kabel (S/STP-Kabel)

Neben den unterschiedlichen Schirmungen werden die Twisted-Pair-Kabel nach ihren elektromagnetischen Eigenschaften in sieben Kategorien (Categories; abgekürzt Cat.) eingeteilt Die Zuordnung in die verschiedenen Kategorien erfolgt nach der **Datenübertragungsgeschwindigkeit** $v_ü$, die bestimmt wird von der **Dämpfung** a und der **Bandbreite** b. Die Datenübertragungsgeschwindigkeit $v_ü$ wird auch als Übertragungsrate, **Bitrate** oder **Datenrate** bezeichnet. Sie gibt die Anzahl der Bits an, die pro Sekunde über eine Verbindung übertragen werden. Die Datenübertragungsgeschwindigkeit wird in bit/s bzw. in kbit/s (k: kilo) oder Mbit/s (M: Mega) oder Gbit/s (G: Giga) angeben.

Bezeichnung	max. Übertragungs-geschwindigkeit	Anmerkungen
Cat 1	–	FürTelefonkabel; Datenübertragung nicht möglich.
Cat 2	4 Mbit/s	Cat 2 bis Cat 4
Cat 3	10 Mbit/s	werden nicht
Cat 4	16 Mbit/s	mehr verwendet.
Cat 5	100 Mbit/s	
Cat 6	250 Mbit/s	
Cat 7	750 Mbit/s	

Bild 2: Twisted-Pair-Kabel Kategorien

3.3 Ersatzschaltung der Leitung

Die **Bandbreite *b*** einer Leitung wird bestimmt von ihren elektrischen Kenngrößen. Die hier betrachtete Leitung soll homogen sein. Das bedeutet, dass der Leiterquerschnitt und der Leiterabstand über die gesamte Leitungslänge *l* gleich sind. Dies gilt ebenfalls für das Leitermaterial und die Isolierung zwischen den Leitern.

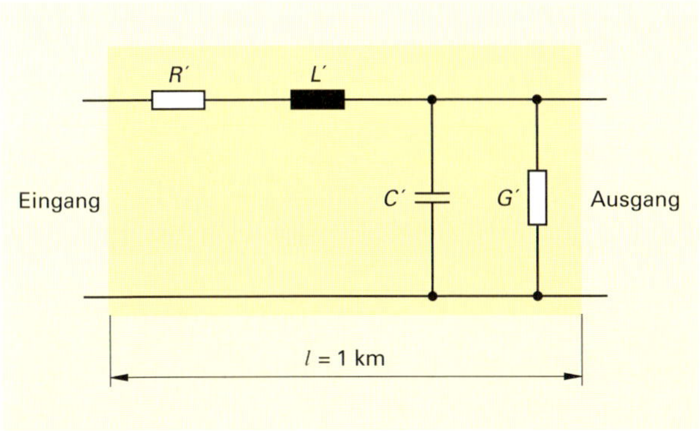

R´: Widerstandkennwert

L´: Induktivitätskennwert

C´: Kapazitätskennwert

G´: Ableitungskennwert

Bild 1: Ersatzschaltbild einer elektrischen Leitung mit Leitungskennwerten

Bild 1 zeigt die Ersatzschaltung einer homogenen Leitung für l = 1 km Länge. Die gesamte Leitungslänge setzt sich aus einer Reihenschaltung dieser Teilstrecken zusammen.

3.3.1 Kennwerte der Leitung

Bild 2 fasst die elektrischen Kennwerte einer Leitung zusammen. Sie sind jeweils auf eine Leitungslänge von l = 1 km bezogen.

Kennwert	Formel	Einheit	In der Praxis verwendete Einheit
Widerstandskennwert	$R' = \frac{R}{l}$	$\frac{\Omega}{\text{m}}$	$\frac{\Omega}{\text{km}}$
Induktivitätskennwert	$L' = \frac{L}{l}$	$\frac{\text{H}}{\text{m}}$	$\frac{\text{mH}}{\text{km}}$
Kapazitätskennwert	$C' = \frac{C}{l}$	$\frac{\text{F}}{\text{m}}$	$\frac{\text{nF}}{\text{km}}$
Ableitkennwert	$G' = \frac{G}{l}$	$\frac{\text{S}}{\text{m}}$	$\frac{\mu\text{S}}{\text{km}}$

Bild 2: Leitungskennwerte

Der **Widerstandskennwert *R´***, ist der Widerstand der Leitung, bezogen auf eine Länge von l =1 km. Der Widerstand *R* wird bestimmt vom spezifischen Widerstand ρ des Leitermaterials, dem Leiterquerschnitt *A* und von der Leitungslänge *l*. Der spezifische Widerstandswert gibt den Widerstandswert eines Materials von l = 1 m und A = 1mm^2 an. Sein Wert wird in Ω · mm^2 / m gemessen.

$$R = \frac{\rho \cdot l}{A}$$

Beispiel: Widerstandswert eines Leiters

Der Widerstandswert *R* des Innenleiters eines Koaxial-Kabels soll berechnet werden. Die Leitungslänge beträgt l = 100 m, der Leiterquerschnitt hat den Wert A = 0,95 mm². Der spezifische Widerstandswert für Kupfer ist mit $\rho = 0{,}017\ \Omega \cdot \text{mm}^2 / \text{m}$ angegeben.

$$R = \frac{\rho \cdot l}{A}$$

$$R = \frac{0{,}017\ \Omega\text{mm}^2}{\text{m}} \cdot \frac{100\ \text{m}}{0{,}95\ \text{mm}^2}$$

$$\underline{\underline{R = 1{,}79\ \Omega}}$$

Der Gleichstromwiderstand *R* der Leitung wird bis zu einer Übertragungsfrequenz von f = 20 kHz als frequenzunabhängig angesehen. Mit zunehmender Frequenz steigt der Wert des Leitungswiderstandes aufgrund des Skineffektes an. Der Skineffekt hat seine Ursache in der magnetischen Wirkung eines stromdurchflossenen Leiters. Die am Stromfluss beteiligten Elektronen werden auf Grund dieser magnetischen Wirkung zu den Randzonen, der Haut (skin: Haut) des Leiters gedrängt. Dies wirkt wie eine Verringerung des Leitungsquerschnitts *A*. Der Leiterwiderstandswert *R* steigt an.

Der **Induktivitätskennwert *L´*** ist die **Leitungsinduktiviät *L*** bezogen auf die Leitungslänge l =1 km. Für die Induktivität *L* der Leitung gilt die Formel:

$$L = \frac{N^2 \cdot \mu \cdot A}{l_m}$$

N: Windungszahl (die Windungszahl für den Leiter ist N = 1)
μ: Permeabilität: $\mu = \mu_0 \cdot \mu_r$
A: von Feldlinien durchsetzte Fläche
l_m: mittlere Feldlinienlänge.

Die Induktivität bewirkt bei einer Wechselstromübertragung einen induktiven Widerstand. Dieser **induktive Widerstand X_L** wird bestimmt von der Übertragungsfrequenz *f* und der Induktivität *L*:

$$X_L = 2 \cdot \pi \cdot f \cdot L$$

Bild 1, nächste Seite, zeigt den charakteristischen Verlauf des induktiven Widerstandes X_L in Abhängigkeit von der Frequenz *f*.
Genau genommen gilt diese Gleichung nur für sinusförmige Schwingungen. Da aber jede nichtsinusförmige Schwingung aus sehr vielen sinusförmigen Teilschwingungen besteht (siehe S. 26), kann der formelmäßige Zusammenhang auch bei der Übertragung von Pulsen (Rechtecksignalen) Verwendung finden.

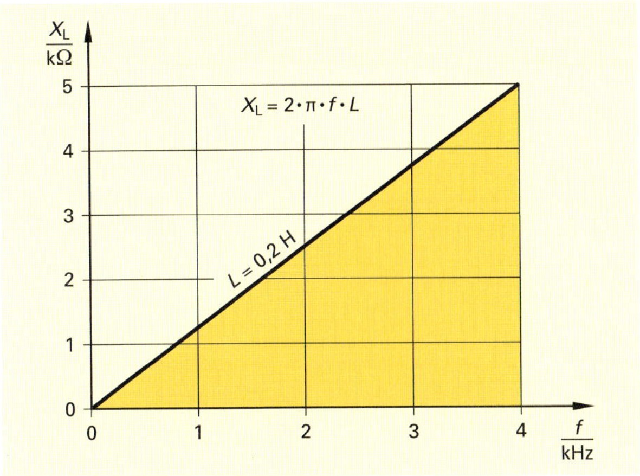

Bild 1: Abhängigkeit des induktiven Blindwiderstandes X_L von der Frequenz f

Ein induktiver Blindwiderstand X_L hat nach Bild 1 bei der Frequenz $f = 2$ kHz den Wert $X_L = 2{,}5$ kΩ. Bestimmen Sie anhand des Bildes die Frequenz f, bei der sich der Wert des Blindwiderstandes X_L verdoppelt hat. (Lösung: $f = 4$ KHz)

Zwischen den gegeneinander isolierten Leitern bildet sich die **Leitungskapazität *C*** aus. Der **Kapazitätskennwert *C*´** ist die **Leitungskapazität *C*** pro 1 km Leitungslänge.
Die Leitungskapazität C stellt, wie die Leitungsinduktivität, einen frequenzabhängigen Widerstand dar. Der **kapazitive Blindwiderstand X_C** berechnet sich nach der Gleichung:

$$X_C = \frac{1}{2 \cdot \pi \cdot f \cdot C}$$

Bild 2 zeigt den Verlauf des kapazitiven Blindwiderstandes X_C in Abhängigkeit von der Frequenz f.

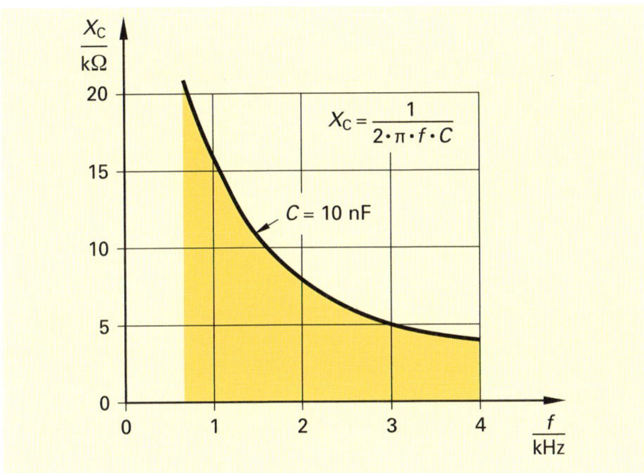

Bild 2: Abhängigkeit des kapazitiven Blindwiderstandes X_C von der Frequenz f

Beispiel: Bestimmung der Frequenz

Ein Kondensator mit Kapazität $C = 10$ nF hat bei einer Frequenz von $f_1 = 1$ kHz den

Blindwiderstand X_{C1} = 15,9 kΩ. Bestimmen sie anhand des Bildes 2, vorige Seite, die Frequenz f_2, bei der der Blindwiderstand den Wert X_{C2} = 7,96 kΩ annimmt. (Lösung: f_2 = 2 kHz)

Der **Ableitungskennwert *G'*** ist ein Leitwert. Dieser ergibt sich aus dem Kehrwert des Widerstandes, den das Isoliermaterial aufweist. Sein Wert ist nahezu frequenzunabhängig und hat einen sehr kleinen Wert, da die verwendeten hochwertigen Isoliermaterialien einen nur sehr geringen Leitwert haben. Er spielt deshalb bei der Datenübertragung keine Rolle. Er wird vernachlässigt.

3.3.2 Auswirkungen der Leitungskennwerte auf die Datenübertragung

Bild 1 zeigt das Ersatzschaltbild einer Leitung mit den elektrischen Größen, die für die Beeinflussung der zu übertragenden Daten verantwortlich sind. Der Arbeitswiderstand R_a stellt die Nachbildung des Gerätes dar, das am Kabelende angeschlossen ist.

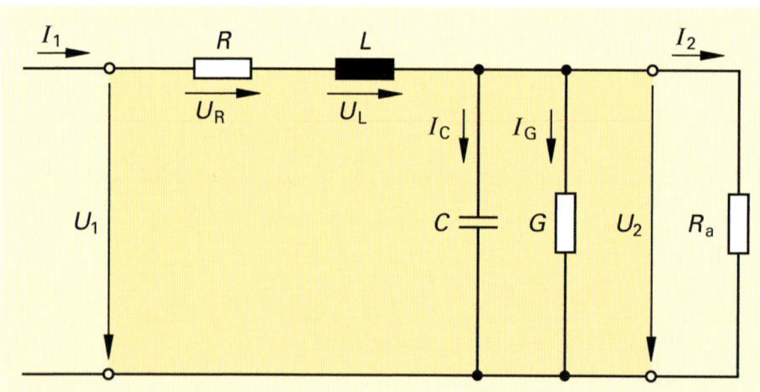

R_a: Arbeitswiderstand

Bild 1: Ströme und Spannungen im Ersatzschaltbild der elektrischen Leitung (Kabel)

Dämpfung a

Der Leitungswiderstand *R* verursacht einen Spannungsfall U_R längs der Leitung. Die Spannung U_2 am Ende des Kabels ist um diesen Spannungsfall kleiner als die Eingangsspannung U_1.

Der induktive Blindwiderstand X_L ist frequenzabhängig und bewirkt ebenfalls einen Spannungsfall U_L, der auch die Ausgangsspannung reduziert. Mit zunehmender Frequenz wird der Spannungsverlust größer, da der Blindwiderstand X_L mit der Frequenz ansteigt.

Der kapazitive Blindwiderstand X_C der Leitung ist ebenfalls frequenzabhängig. Sein Wert nimmt mit zunehmender Frequenz ab. Da über X_C ein Strom abfließt, verringert sich die Stromstärke I_2 am Ausgang.

Ein elektrisches Kabel wirkt wie ein Tiefpass. Hochfrequente Anteile der Daten werden mehr bedämpft als ihre niederfrequenten Anteile.

Der Durchlassbereich erstreckt sich von 0 Hz (Gleichspannung) bis zur Grenzfrequenz f_g. Bei der Grenzfrequenz ist die Ausgangsspannung U_2 auf 70,7 % der Eingangsspannung U_1 gesunken.

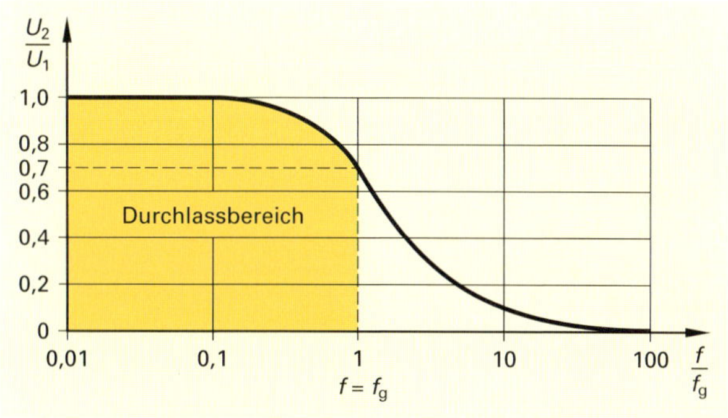

U_1: Spannung am Eingang der Leitung

U_2: Spannung am Ausgang der Leitung

f_g: Grenzfrequenz

Bild 1: Spannungsverlauf für einen Tiefpass (normierte Darstellung)

Die Berechnung der Dämpfung *a* erfolgt nach der Formel:

$$a = 20 \cdot lg \frac{U_1}{U_2}$$

Angegeben wird die Dämpfung *a* in der Messeinheit dB (dB: dezi Bel). Eine Dämpfung von $a = 6$ dB bedeutet, dass das Eingangssignal auf seinen halben Wert vermindert am Ausgang erscheint. Bei der Grenzfrequenz (Bild 1) beträgt die Dämpfung $a = 3$ dB.

Das Spannungsverhältnis U_1/U_2 stellt den **Dämpfungsfaktor D_U** dar. Wird die Dämpfung auf eine Leitungslänge von $l = 1$ km bezogen, so erhält man den Dämpfungskennwert α. Angegeben wird sie in dB/km.

$$\alpha = \frac{a}{l}$$

Bild 2 zeigt den Zusammenhang zwischen der Dämpfung *a* und dem Dämpfungsfaktor D_U.

Dämpfung *a*	0 dB	3 dB	6 dB	10 dB	20 dB	40 dB
Dämpfungs-faktor D_U	1	1,41	2	3,13	10	100

*Bild 2: Zusammenhang zwischen Dämpfung **a** und Dämpfungsfaktor D_U*

Beispiel: Dämpfung *a*

Die Eingangsspannung (Bild 1, Seite 24) beträgt $U_1 = 3{,}8$ V. Die Leitungslänge beträgt $l = 80$ m. Am Leitungsende ist die Eingangsspannung auf $U_2 = 2$ V abgesunken. Berechnen Sie die Dämpfung *a* und den Dämpfungskennwert α.

$$a = 20 \cdot lg \frac{U_1}{U_2} = 20 \cdot lg \frac{3{,}8\,V}{2\,V} = \underline{5{,}58\ dB}$$

$$\alpha = \frac{a}{l} = \frac{5{,}58 \text{ dB}}{0{,}08 \text{ km}} = 6{,}97 \text{ dB/km}$$

Ergänzen Sie dieTabelle im Bild 2 (Vorseite) für die Dämpfungen *a*: 1 db, 30 db, und 60dB. (Lösung: U_1/U_2 = 1,26; 31,6; 1000)

Bandbreite *b*

Die Bandbreite *b* eines Kabels ist die Differenz zwischen der höchsten und der niedrigsten zu übertragenden Frequenz.

$$b = f_{max} - f_{min}$$

Die Bandbreite *b* ist abhängig von der Dämpfung *a*. Bild 1 (Seite 25) zeigt, dass die Ausgangsspannung U_2 mit zunehmender Frequenz abnimmt, d.h. die Dämpfung steigt mit zunehmender Frequenz. Wechselspannungen mit hohen Frequenzen werden stärker bedämpft als Wechselspannungen mit niedrigeren Frequenzen. In der Praxis ist die Bandbreite *b* einer Datenleitung gleich der Grenzfrequenz f_g. Der Übertragungsbereich umfasst somit einen Frequenzbereich von 0 Hz (Gleichspannung) bis zur Grenzfrequenz f_g.

Die Datenübertragung über Kupferleiter erfolgt als Spannungspuls-Folgen. Das Bild 1 zeigt die zu übertragenden Daten mit der Bitfolge 1 0 1 0.

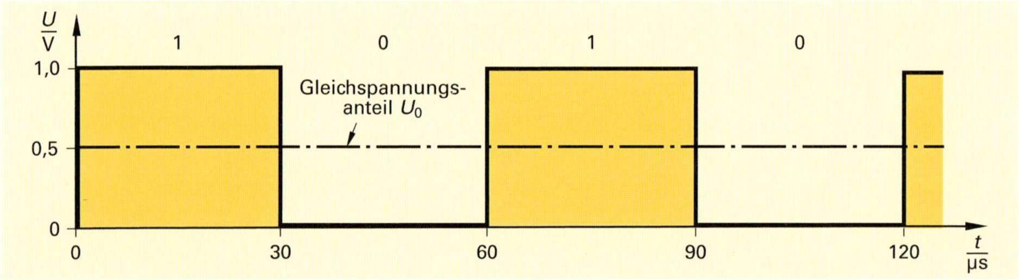

Bild 1: Spannungsverlauf der Bitfolge 1010

Die Pulsfolge hat einen rechteckförmigen Spannungsverlauf. Diese nicht sinusförmig verlaufende Spannung kann durch die Addition von theoretisch unendlich vielen sinusförmigen Teilspannungen unterschiedlicher Frequenzen *f* und Amplituden *U* nachgebildet werden, Bild 2.

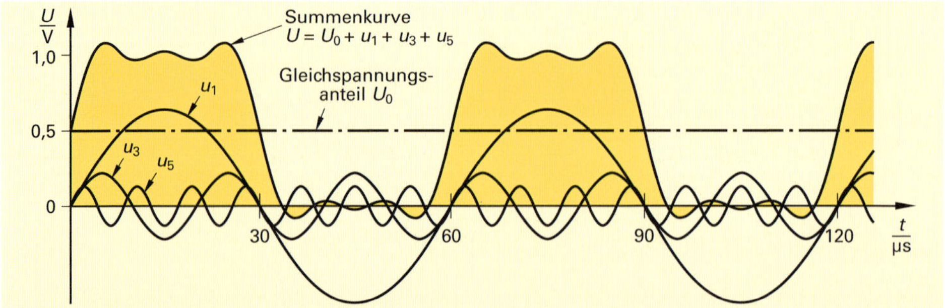

Bild 2: Teilschwingungen der rechteckförmigen Pulsspannung

Die an der Bildung der rechteckförmigen Spannung beteiligten sinusförmigen Teilspannungen lassen sich in einem **Frequenzspektrum** darstellen. In Bild 1 werden die Amplitudenwerte der Teilspannungen in Abhängigkeit von der Frequenz *f* dargestellt.

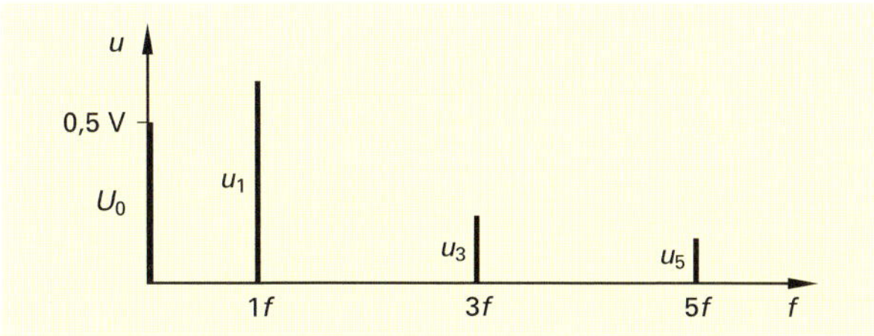

U_0: Gleichspannungsanteil

u_1: Grundschwingung bei $f_1 = f$

$u_3 = U_1/3$ bei $f_3 = 3f$

$u_5 = U_1/5$ bei $f_5 = 5f$

Bild 1: Amplitudenspektrum der Bitfolge 1010

Bild 2 zeigt den Einfluss der Bandbreite *b* auf die Ausgangsspannung U_2. Dargestellt ist die Bitfolge 01100010 mit dem zugehörigen Frequenzspektrum. (Die Bitfolge stellt den Buchstaben b in der ASCII-Codierung dar.)
Ist die Bandbreite *b* der Leitung nicht ausreichend, so ist die ursprüngliche Bitfolge U_1 am Ausgang in U_2 nicht mehr erkennbar.
Teilbild a zeigt den Einfluss einer sehr geringen Bandbreite *b*. Dabei wird nur die erste Teilschwingung übertragen. Es lassen sich in der Ausgangsspannung keine eindeutigen 1- und 0-Signale erkennen.

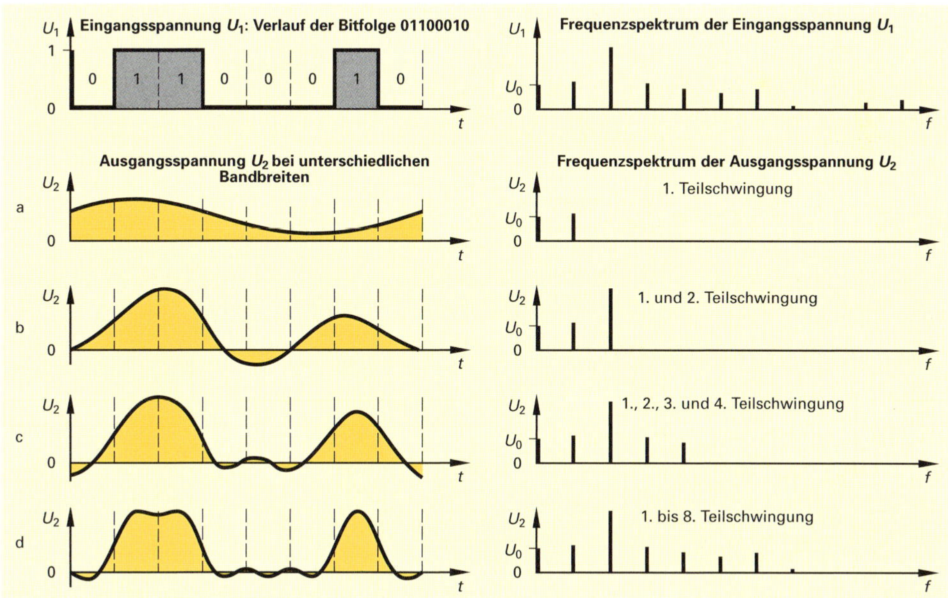

Bild 2: Einfluss der Bandbreite b auf die Eingangsspannung U_1

Erst mit zunehmender Bandbreite werden immer mehr Teilschwingungen mit immer höheren Frequenzen übertragen. Die Teilbilder b bis d zeigen, dass sich die Signalspannung U_2 immer mehr der Signaleingangsspannung U_1 annähert.

Wellenwiderstand Z_w

Der Eingangswiderstand einer sehr langen Leitung (theoretisch unendlich lang) ist der Wellenwiderstand Z_w. Unter dieser Bedingung ist der Widerstand nur noch von den Leitungsgrößen abhängig. Ein Widerstand am Ende einer unendlich langen Leitung hat keinen Einfluss auf den Wert des Wellenwiderstandes. Der Wert des Wellenwiderstandes Z_w ist bei hohen Frequenzen konstant. Wie Bild 1, Seite 21, zeigt, sind Widerstand R und Leitwert G einer Leitung bei hohen Frequenzen gegenüber den Blindwiderständen X_L und X_C vernachlässigbar.

Es gilt: $X_L >> R$ und $X_C << G$.

Somit wird der Wellenwiderstand Z_w nur noch bestimmt von der Induktivität L und der Kapazität C bzw. von den Kennwerten L' und C' der Leitung:

$$Z_w = \sqrt{\frac{L'}{C'}} = \sqrt{\frac{L}{C}}$$

Übliche Werte der Wellenwiderstände Z_w sind 50 Ω für Koaxialkabel und 100 Ω für Twisted Pair-Kabel. Werden an den Übertragungsleitungen Geräte angeschlossen, müssen diese einen Eingangswiderstand haben, der gleich dem Wellenwiderstand Z_w ist. Nicht beschaltete Leitungsenden sind mit einem Widerstand, der ebenfalls den Wert des Wellenwiderstandes Z_w hat, zu beschalten. Dieser Widerstand wird als **Terminator** bezeichnet. Bei Bus-Topologien mit Koaxialkabeln wird als Terminator ein Widerstand von R_a = 50 Ω extern am Busende angeschlossen.

Die Übertragungsleitung muss mit dem Wellenwiderstand Z abgeschlossen werden. Nur so ist sichergestellt, dass keine Rückwirkungen vom Ausgang der Leitung auf ihren Eingang auftreten.

Ist der Abschlusswiderstand R_a größer oder kleiner als der Wellenwiderstand Z_w, besteht eine Fehlanpassung. Es kommt zu Reflexionen. Dabei wird ein Teil der Energie am Leitungsende durch die Fehlanpassung reflektiert und überlagert sich mit der eingespeisten Energie. Es kommt zu Störungen bei der Übertragung.

In der Praxis werden Fehlanpassungen häufig durch Installationsfehler beim Anschluss von Netzwerkkomponenten und Anschlussdosen verursacht.

Nebensprechen

Leitungen übertragen elektrische Signale. Am Informationsfluss sind daher elektrische Spannungen und Ströme beteiligt. Dies gilt für alle Leitungen, die als Medium Kupfer benutzen. Die Spannungen und Ströme erzeugen elektrische und magnetische Felder. Das Kabel wirkt daher wie eine Antenne. Benachbarte Kabel empfangen, mehr oder weniger gedämpft die Informationen der „sendenden" Leitung. Es kommt zu einem **Nebensprechen** von einem Aderpaar zum anderen. Das empfangene oder eingekoppelte Signal wird als **Crosstalk** bezeichnet. Die Intensität dieser Störungen nimmt mit der Leitungslänge und der Betriebsfrequenz zu. Eine hochwertige Abschirmung und Verdrillung der Aderpaare verringert die Wirkung des Nebensprechens. Die Übertragungsqualität wird gesteigert.

3.4 Lichtwellenleiter (LWL)

Der Lichtwellenleiter LWL, auch Glasfaserleiter genannt, ist ein optisches Übertragungsmedium. Mit Lichtwellenleitern werden Übertragungsgeschwindigkeiten erreicht, die im Bereich von Gbit/s liegen. Da Lichtwellenleiter nur eine geringe Dämpfung aufweisen, können große Entfernungen ohne Zwischenverstärker überbrückt werden. Sender und Empfänger werden durch den Lichtwellenleiter galvanisch getrennt.

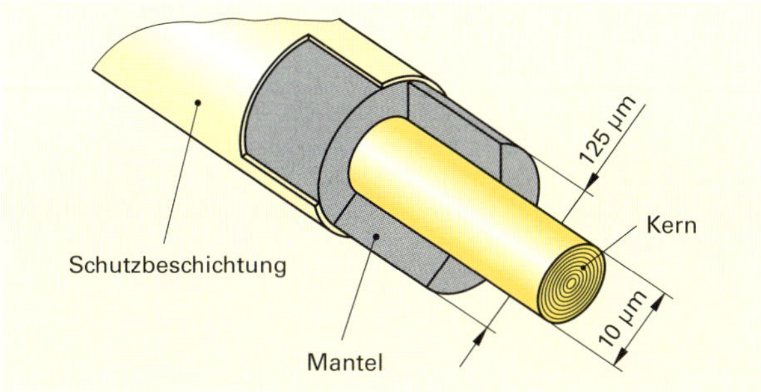

Bild 1: Prinzipieller Aufbau eines Lichtwellenleiters LWL

Die Übertragungsstrecke mit einem Lichtwellenleiter LWL besteht aus einem Sender, dem Übertragungsmedium LWL und dem Empfänger. Übertragen werden die Daten im Lichtwellenleiter als Lichtsignale. Die von der sendenden Station kommenden Daten liegen als analoge oder digitale Signale vor. Die elektrischen Signale werden für die Übertragung mittels Leuchtdioden oder Laserdioden in Lichtsignale umgesetzt. Die Lichtsignale werden von der empfangenen Station wieder in elektrische Signale umgesetzt, die der Empfänger weiter verarbeiten kann. Zur Umsetzung im Empfänger werden Fotodioden verwendet. Die Leucht- bzw. Laserdiode wirkt als elektrooptischer Umsetzer, die Fotodiode ist dagegen ein optoelektrischer Umsetzer.
Bild 2 zeigt die erforderlichen Komponenten zur Übertragung von Daten über Lichtwellenleiter.

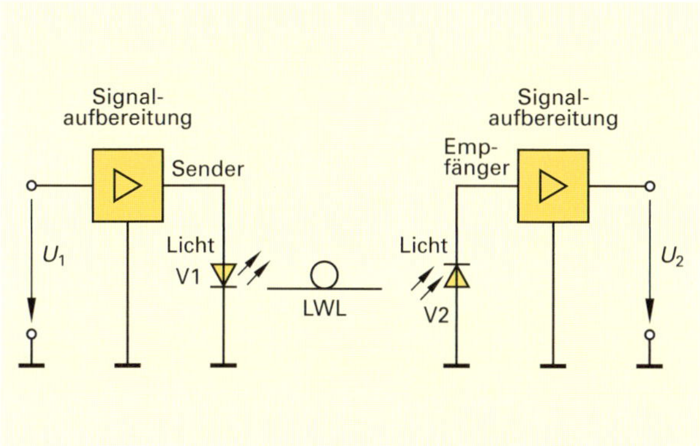

V1 : Laser- oder Leuchtdiode

U_1 : elektrisches Eingangssignal

V2 : Fotodiode

U_2 : elektrisches Ausgangssignal

Bild 2: Komponenten zur Übertragung von Daten über Lichtwellenleiter

Die Verkabelung mit LWL erfolgt einadrig oder zweiadrig. Bei einer einadrigen Verlegung liegt ein **Richtungsbetrieb** (Simplex-Übertragung) vor. Bei einer zweiadrigen Verlegung des LWL ist ein **Gegenbetrieb** (Duplex-Übertragung) möglich.

Die Datenübertragung mit LWL wird nicht durch elektromagnetische Störungen beeinträchtigt. Die Übertragung gilt als abhörsicher, da keine elektromagnetische Abstrahlung erfolgt.

3.4.1 Lichtwellenleiter-Typen

Bild 1 zeigt die drei in der Netzwerktechnik eingesetzten Lichtwellenleiter-Typen. In der Praxis werden häufig unterschiedliche Bezeichnungen gebraucht. Z. B. wird der Lichtwellenleiter mit Faser bezeichnet und für Stufenprofil wird Stufenindex gesagt.

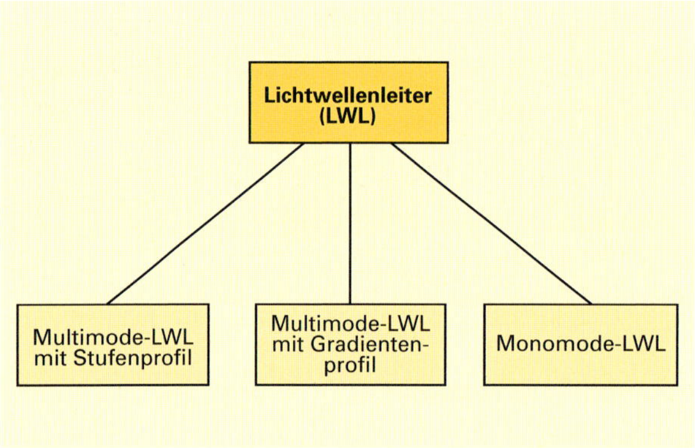

Bild 1: Lichtwellenleiter-Typen

Die physikalischen Grundlagen der Datenübertragung mit Lichtwellenleitern LWL beruhen auf der **Brechung** und **Totalreflexion** von Lichtstrahlen.

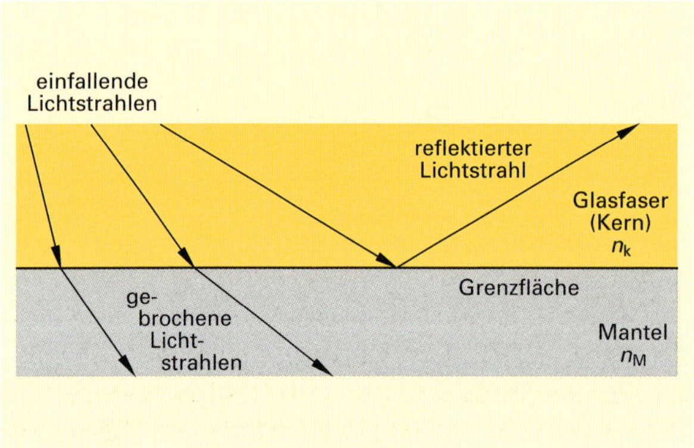

n_K: Brechzahl des Kernmaterials

n_M: Brechzahl des Mantelmaterials

$n_K \geq n_M$

Bild 2: Lichtbrechung

Tritt ein Lichtstrahl schräg von einem Material (Kern, LWL) in ein anderes Material (optischer Mantel) ein, erfolgt eine Ablenkung des Lichtstrahls von seiner ursprünglichen Richtung. Der Lichtstrahl wird gebrochen. Der Grund dafür liegt in den unterschiedlichen Brechzahlen n der beiden Materialien. Die Brechzahl stellt dabei den Faktor dar, um den die Lichtgeschwindigkeit geringer ist als die Ausbreitungsgeschwindigkeit im Vakuum.

Beim Übergang des Lichtstrahls in ein Material mit kleinerer Brechzahl wird der Brechungswinkel kleiner. Umgekehrt wird der Lichtstrahl beim Übergang in ein Gebiet mit größerer Brechzahl mehr abgelenkt. Der Brechungswinkel wird größer. Je schräger der Lichtstrahl auf die Berührungsfläche der beiden Materialien auftrifft, umso stärker ist seine Brechung. Erreicht der Einfallswinkel einen kritischen Wert, erfolgt eine Totalreflexion. Der Lichtstahl kann das Material mit der größeren Brechzahl nicht verlassen. Die Totalreflexion erfolgt aber nur in dem Material mit der größeren Brechzahl n. Diese Tatsache wird beim Lichtwellenleiter ausgenutzt.

Multimode-Lichtwellenleiter mit Stufenprofil

Bild 1 zeigt den prinzipiellen Aufbau eines Lichtwellenleiters mit Stufenprofil. Er besteht aus einem Glaskern und einem Glasmantel. Die Brechzahl des Mantels ist etwas kleiner als die Brechzahl des Kerns. Die Lichtführung erfolgt durch Totalreflexion an der Grenzfläche zum Mantel. Die sich im LWL ausbreitenden Lichtwellen werden als **Moden** (Eigenwellen) bezeichnet. Hat die Stufenprofilfaser einen großen Kernquerschnitt können sich viele Moden im Leiter ausbreiten. Es liegt ein **Multimode-Lichtwellenleiter** vor.

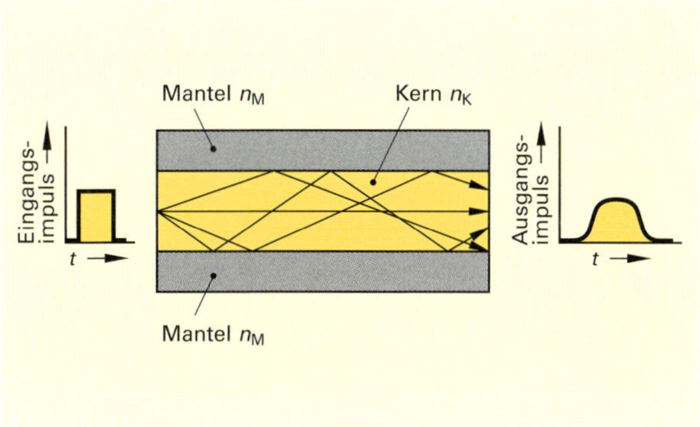

Bild 2: Multimode-Lichtwellenleiter mit Stufenprofil

Nachteilig ist bei diesem Leitertyp die **Moden-Dispersion**. Hierbei legen die unterschiedlichen Moden unterschiedlich lange Zick-Zack-Wege zurück. Zwischen den Moden entstehen Laufzeitunterschiede. Die Dauer eines Lichtpulses, der in einen LWL eingespeist wird, verlängert sich während seiner Übertragung und erscheint am Ausgang des Leiters verbreitert.

Multimode-Lichtwellenleiter mit Gradientenprofil

Die Brechzahl des Kernmaterials nimmt beim Multimode-Lichtwellenleiter von der Kernmitte nach außen hin ab. Mit dem **Gradientenprofil** wird ein Laufzeitausgleich der unterschiedlichen Moden erreicht. Der Multimode-Lichtwellenleiter mit **Gradientenprofil** hat eine Moden-Dispersion, die wesentlich geringer ausfällt als bei der Multimode-Glasfaser mit Stufenprofil. Dieser Lichtleiter wird in lokalen Netzen bevorzugt verwendet.

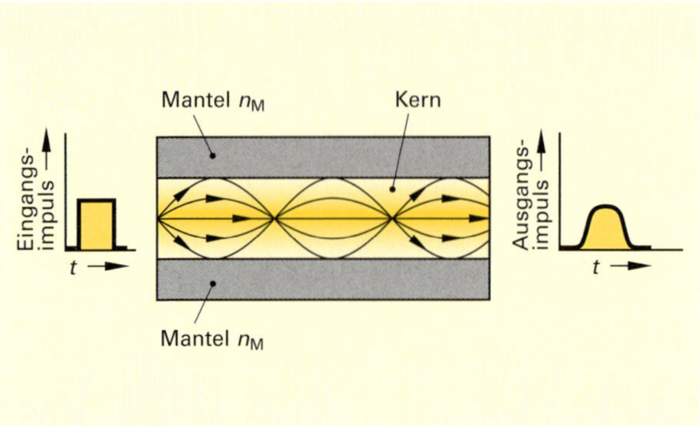

Bild 1: Multimode-Lichtwellenleiter mit Gradientenprofil

Monomode-Lichtwellenleiter

Monomode-Lichtwellenleiter (Bild 2) verfügen über einen Kern mit einem sehr kleinen Querschnitt. Dieses Kabel überträgt nur eine Mode. Die noch auftretende Dispersion ist bei diesem Kabeltyp vernachlässigbar klein.

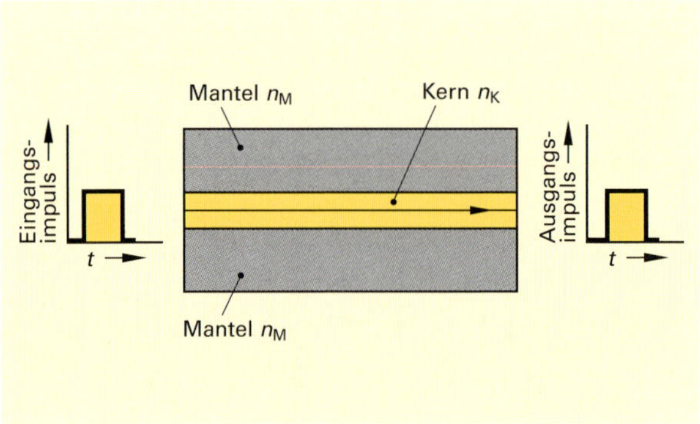

Bild 2: Monomode-Lichtwellenleiter

3.4.2 Kennwerte der Lichtwellenleiter

Dämpfungsverhalten der Lichtwellenleiter

Die Dämpfung a in einem Lichtwellenleiter beschreibt die Abnahme der nutzbaren Lichtenergie. Angegeben wird sie, wie bei „Kupfermedien", in der Messeinheit dB/km.
Sie entsteht durch

- **Absorbtion**, hervorgerufen durch Verunreinigungen im Glas und
- **Streuung**, verursacht durch den nicht an jeder Stelle konstanten Wert des Brechungsindexes.

Daneben ist die Dämpfung a im Lichtwellenleiter abhängig von der Wellenlänge des Lichtes. Für die optische Datenübertragung werden deshalb bestimmte Wellenbereiche benutzt, in denen die Dämpfung geringe Werte aufweist. Diese Wellenbereiche werden **optischen Fenster** genannt. Sie liegen bei den Wellenlängen 0,85 µm, 1,3 µm und 1,55 µm (Bild 1, Seite 33).

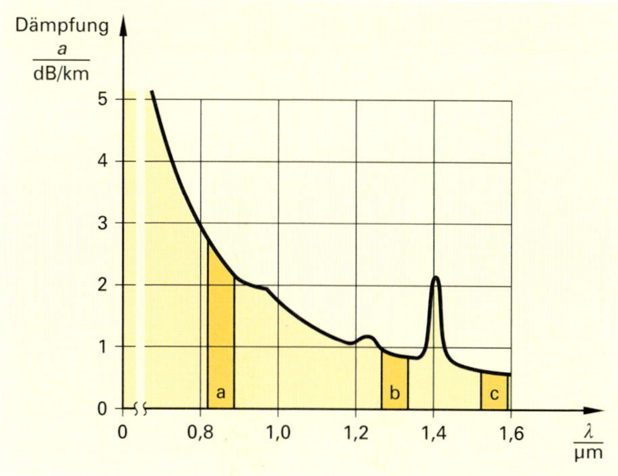

a) 1. optisches Fenster bei der Wellenlänge λ = 0,85 µm

b) 2. optisches Fenster bei λ = 1,3 µm

c) 3. optisches Fenster bei λ = 1,55 µm

Bild 1: Dämpfungsverlauf eines Lichtwellenleiters

Neben den Kabeldämpfungen treten noch zusätzlich **Übergangsdämpfungen** auf. So verursacht eine mechanische oder thermische Spleißverbingung eine Dämpfung von ca. 0,1 dB. Eine Steckverbindung ruft eine Dämpfung von ungefähr a = 1 dB hervor.

Bandbreite der Lichtwellenleiter

Die Bandbreite b ist abhängig von der **Dispersion**, die mit kürzer werdenden Wellenlängen des Lichts zunimmt. Die maximal übertragbare Signalfrequenz ist dann erreicht, wenn die Daten am Ausgang des Lichtwellenleiters trotz der Verformung durch die Dispersion sich noch regenerieren lassen. Weiter nimmt die Bandbreite b mit zunehmender Leiterlänge l ab. Das Produkt aus Bandbreite b und Leiterlänge l ist nahezu bei allen Lichtwellenleitertypen konstant. Es wird als **Bandbreiten-Längenprodukt** bezeichnet und ist ein wichtiger Kennwert der Lichtwellenleiter.

Ein Lichtwellenleiter LWL mit einem Bandbreiten-Längenprodukt von z. B. 500 MHz·km (500 Mbit/s·km) bedeutet, dass maximal folgende Frequenzen möglich sind:

a) f_1 = 500 MHz auf l_1 = 1.0 km

b) f_2 = 1 GHz auf l_2 = 0,5 km

c) f_3 = 250 MHz auf l_3 = 2,0 km

Aufgaben

1	Welche physikalischen Eigenschaften eines Übertragungsmediums bestimmen die räumliche Ausdehnung eines lokalen Netzwerkes ?
2	Unterscheiden Sie zwischen Duplexbetrieb, Halbduplexbetrieb und Simplexbetrieb.
3	Was versteht man unter Nebensprechen?
4	Beschreiben Sie die Auswirkungen der einzelnen Leitungs-Kennwerte auf die Datenübertragung.
5	Welchen Einfluss hat die Dämpfung a des Übertragungsmediums auf die Bandbreite b?
6	Warum müssen die Kabelenden in Netzen mit einer Bus-Topologie mit Abschlusswiderständen abgeschlossen werden?
7	Beschreiben Sie den Aufbau der in der Praxis verwendeten Lichtwellenleiter LWL.
8	Ein Lichtwellenleiter hat ein Bandbreiten-Längenprodukt von 100 MHz · km. Er soll zwei Stationen, die 5 km voneinander entfernt sind, miteinander verbinden. Bestimmen Sie die zu übertragende Frequenz (Bitrate).

4 DATENÜBERTRAGUNG IM OSI-REFERENZMODELL

Der Kommunikationsablauf zwischen zwei Rechnern über ein lokales Netzwerk LAN erfolgt nach fest vorgegebenen Regeln und Bestimmungen. Diese garantieren, dass Rechner und Netzwerkkomponenten unterschiedlicher Bauart und Hersteller am gleichen Netz nebeneinander eingesetzt werden können. Die Internationale Standard Organisation, abgekürzt ISO, hat dazu für die lokalen Netzwerke einen Standard entwickelt, der diese Kompatibilität ermöglicht. Dieser Standard ist im **OSI-Referenzmodell** festgehalten. „OSI" steht für „Open Systems Interconnection" (Kommunikation offener Systeme).

Die im OSI-Modell aufgestellten Regeln und Bestimmungen stellen die Netzwerkprotokolle, kurz Protokolle, dar. Werden die Protokolle von allen an der Kommunikation beteiligten Einrichtungen eingehalten, liegt eine Kompatibilität vor. Dies ist eine Voraussetzung für die störungsfreie Kommunikation in einem lokalen Netzwerk.

Der im OSI-Modell festgehaltene Standard ist unabhängig von den Interessen der unterschiedlichen Hersteller. Niemand besitzt am festgelegten Standard irgendwelche Rechte, welche die Anwendung oder Verbreitung einschränken. Das OSI-Modell stellt deshalb für die Hersteller und Entwickler von Netzwerkkomponenten eine Vorlage dar, die es ihnen gestattet, Netzwerkprodukte herzustellen bzw. zu entwickeln, die untereinander kompatibel sind.

4.1 Datenübertragung im OSI-Modell

Das Bild 1, nächste Seite, zeigt den schematischen Ablauf einer Kommunikation zwischen dem Sender und dem Empfänger in einem lokalen Netzwerk. Die Sende- und Empfangseinrichtung stellt jeweils einen Rechner dar. Der Ablauf der Kommunikation wird auf der Senderseite und auf der Empfängerseite durch das OSI-Referenz-Modell bestimmt. Das Modell besteht aus sieben Schichten bzw. Layer, wobei die sich gegenüberliegenden Schichten übereinstimmende Protokolle aufweisen müssen.

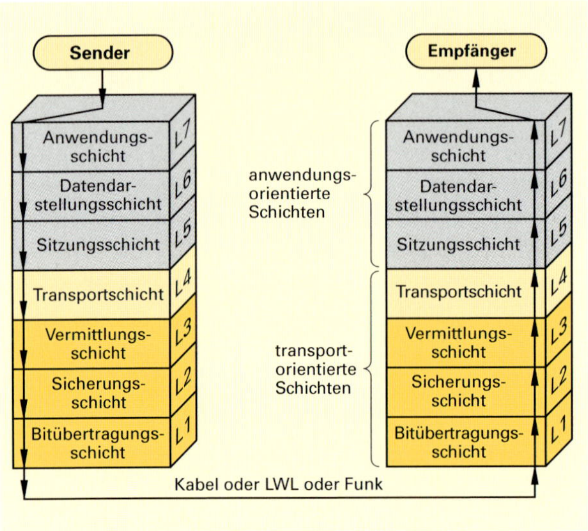

Bild 1: OSI-Modell

Die Schichten eins bis vier sind die transportorientierten Schichten. Diese vier Schichten beinhalten Protokolle, die den Transport von Daten festlegen.

L1: Physical Layer, die **Bitübertragungs-Schicht** oder **physikalische Schicht**,
L2: Link Layer, die **Sicherungs-Schicht**①,
L3: Network Layer oder **Vermittlungs-Schicht**②
L4: Transport Layer, die **Transport-Schicht**③.

Die nachfolgenden Schichten fünf bis sieben sind die Anwender-Schichten

L5: Session Layer, die Sitzungs-Schicht,
L6: Presentation Layer, die Darstellungs-Schicht,
L7: Application Layer, die Anwendungs-Schicht.

Die Schichten fünf bis sieben legen die Bedingungen fest, die die Teilnehmer an einem Kommunikationsprozess erfüllen müssen, damit ihr Datenaustausch über die transportorientierten Schichten L1 bis L4 erfolgreich verläuft.

① hier arbeiten die Protokolle MAC, Media Access Control, und LLC, Logical Link Control,
② hier findet das Internetprotokoll TCP/IP Anwendung,
③ hier wird das Protokoll TCP, Transmission Control Protokoll, angewendet.

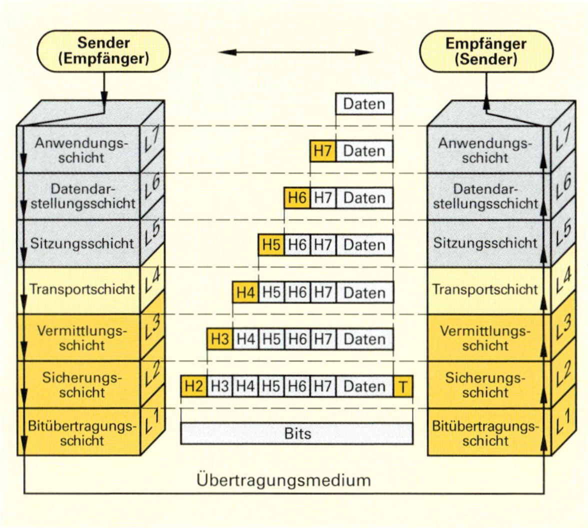

H: Header

T: Trailer

Bild 1: Datenaustausch im OSI- Modell

Der sendende Rechner setzt auf der Anwenderschicht L7 mit Hilfe eines Programms eine Nachricht in ein Datenpaket um. Jede der nachfolgenden Schichten ergänzt diese Nachricht mit weiteren Daten. Diese Daten enthalten eine für die jeweilige Schicht spezifische Steuerinformation. Diese Steuerinformationen werden in einem **Header** (Kopf) zusammengefasst und an den Anfang der Nachricht gestellt. Die Steuerinformationen sorgen dafür, dass die Daten einer Schicht der Senderseite in der entsprechenden gleichen Schicht auf der Empfängerseite verarbeitet werden können.

Die Bitübertragungs-Schicht L1 hängt der Nachricht zusätzlich noch einen **Trailer** (Anhänger) an. Er ermöglicht die Überprüfung der Datenübertragung auf Übertragungsfehler.

Daneben sorgt die Schicht L1 für die Umwandlung des Datenpakets mit allen Steuerinformationen in einen Bitstrom. Über das Übertragungsmedium gelangt der Bitstrom zur Übertragungsschicht L1 des Empfängers. Er durchläuft nun die nachfolgenden Schichten L1 bis L7. Dabei werden die Steuerinformationen, die senderseitig zugefügt worden sind, nach ihrer Verarbeitung wieder entfernt. Nach Durchlaufen der Anwendungs-Schicht L7 steht die Nachricht des Senders dem Empfänger zur Verfügung.

4.2 Schichten L1 bis L3 des OSI-Modells

Nachfolgend sollen die ersten drei Schichten L1, L2 und L3 des OSI-Modells näher betrachtet werden, da sie für lokale Netzwerke von Bedeutung sind. Das physikalische Übertragungsmedium (Kupferkabel oder Lichtwellenleiter) ist nicht Bestandteil des OSI-Schichtenmodells.

Das Protokoll der **Bitübertragungs-Schicht L1** (oder physikalische Schicht) legt fest, wie die Übertragung der Daten zwischen Sender und Empfänger erfolgt. Festgelegt sind im Protokoll die Eigenschaften des physikalischen Übertragungsmediums wie: Strom-, Spannungs- und Impedanzverhältnisse. Es wird hier z. B. festgelegt, welchem Spannungswert eine logische 1 und eine logische 0 entsprechen.

Weiter werden im Protokoll der Bitübertragungs-Schicht u. a. folgende Fragen geklärt:

- Erfolgt die Datenübertragung nur in einer Richtung (Richtungsbetrieb, Simplexbetrieb), in beiden Richtungen (Gegenbetrieb, Duplexbetrieb) oder erfolgt die Übertragung abwechselnd jeweils in die eine oder andere Richtung (Wechselbetrieb, Halbduplexbetrieb)?
- Wie hoch ist die Bitrate, d.h. wie viele Bits pro Sekunde werden übertragen?
- Werden die Daten parallel oder seriell übertragen?
- Erfolgt die Übertragung über Kupferkabel (Twisted-Pair-Kabel, Koaxial-Kabel), Lichtwellenleiter LWL oder drahtlos?

Die **Sicherungs-Schicht L2** sorgt für die Code-Sicherung, für die Erkennung von Übertragungsfehlern und für deren Korrektur. Weiter werden in der Sicherungs-Schicht die übertragenen Datenbits zu Blöcken zusammengefasst, die als **Datenrahmen** oder **Frames** bezeichnet werden. Tritt der Fall ein, dass eine sendende Station Daten mit einer sehr hohen Bitrate überträgt, kann es passieren, dass die Empfänger-Station nicht mehr in der Lage ist, sie abzuarbeiten. Dafür enthält das Protokoll der Sicherungsschicht Maßnahmen, mit denen der Empfänger den Datenfluss so steuern kann, dass die empfangende Station nicht mit Daten „überflutet“ wird

Die **Vermittlungs-Schicht L3** sorgt für die Auswahl eines Verbindungsweges zwischen dem Sender und dem Empfänger (Wegesuche, Routing). Die an der Datenübertragung beteiligten Stationen können sich in Netzen mit unterschiedlichen Topologien befinden. Zur Schicht-L3 gehören z. B. auch die Protokolle, die für das Erreichen von Clints in Netzen mit Token-Ring und Ethernet zuständig sind.

4.3 Standardisierung der lokalen Netzwerke

Die in der Praxis verwendeten Netzwerk-Topologien **Bus**, **Token-Ring**, **Token-Bus** und **WLAN** sind standardisiert (genormt). Zuständig für die Standardisierung, d. h. für die Vereinheitlichung und Normung ist die IEEE (Institute of Eletrical and Electronical Engineers). Sie ist eine weltweite herstellerneutrale Vereinigung von Elektrikern und Elektronikern. Innerhalb dieser Vereinigung bestehen unterschiedliche Arbeitsgruppen. Die „Arbeitsgruppe 802“ ist für die Standardisierung der lokalen Netzwerke LAN zuständig. Von der ISO (International Organization for Standardization), der internationalen Standardisierungsorganisation, ist diese IEEE 802-Norm als ISO 8802-Norm übernommen worden. Das deutsche Institut für Normung (DIN) gehört der ISO an. Das bedeutet, dass die IEEE-Normen auch für Deutschland gelten.

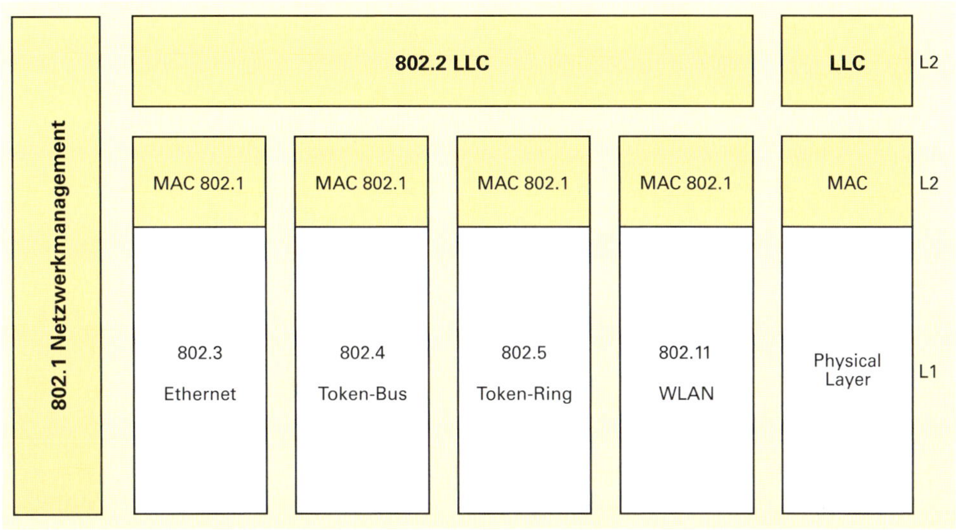

Bild 1: IEEE – Norm

Bild 1 zeigt ausschnittsweise die Zuordnung der IEEE-802-Normung zu den unterschiedlichen Netzwerkstrukturen in Verbindung mit dem OSI-Modell.

IEEE 802.1

Die Norm IEE 802.1 „MAC Bridging" (MAC: Media Access Controll, Medienzugangssteuerung, Bridging: Überbrückung) legt die Bedingungen fest, die für die Kopplung von Netzwerken mit unterschiedlichen Topologien gelten.

IEEE 802.3

Diese Norm beschreibt das CSMAD/CD-Zugriffsverfahren. Dieses Verfahren kommt in Netzen mit Bustopologien zur Anwendung. Es wird im allgemeinen mit dem Namen „Ethernet" gleichgesetzt (siehe Kapitel 5).

IEEE 802.4, IEEE 802.5

Die Normen IEE 802.4 und IIEE 802.5 beschreiben den Token-Bus bzw. den Token-Ring. Der Token-Ring ist, wie der Name zum Ausdruck bringt, nach der Ringstruktur aufgebaut. Beim Token-Bus sind die Netzrechner über einen Bus miteinander verbunden, stellen aber einen logischen Ring dar (siehe Kapitel 6).

IEEE 802.11

Die drahtlosen Netzwerke WLAN (W, engl.: wireless, drahtlos) werden in der Norm IEE 802.11 behandelt (siehe Kapitel 8).

5 ETHERNET

Die Bezeichnung Ethernet ist ein Kunstwort. Es ist entstanden aus den Wörtern Äther (ether) als Übertragungsmedium und Netz (net).

Beim Ethernet ist das LAN nach der Bus-Topologie aufgebaut. Das Ethernet wird in der Praxis am häufigsten eingesetzt. Es ist preiswert, einfach zu erweitern, hat eine Datenübertragungsgeschwindigkeit bis zu 1 Gbit/s und es wird beim Ausfall von einzelnen Stationen in seiner Funktion nicht beeinträchtigt.

Die verwendeten Übertragungsmedien bestimmen die Übertragungsgeschwindigkeit. Koaxialkabel und Twisted-Pair-Kabel werden für das Ethernet bis zu einer Übertragungsgeschwindigkeit von 10 MBit/s verwendet. Bei Bitraten bis 100 MBit/s werden ebenfalls Twisted-Pair-Kabel verwendet. Daneben kommen immer häufiger Lichtwellenleiter zum Einsatz.

5.1 Zugriffsverfahren beim Ethernet

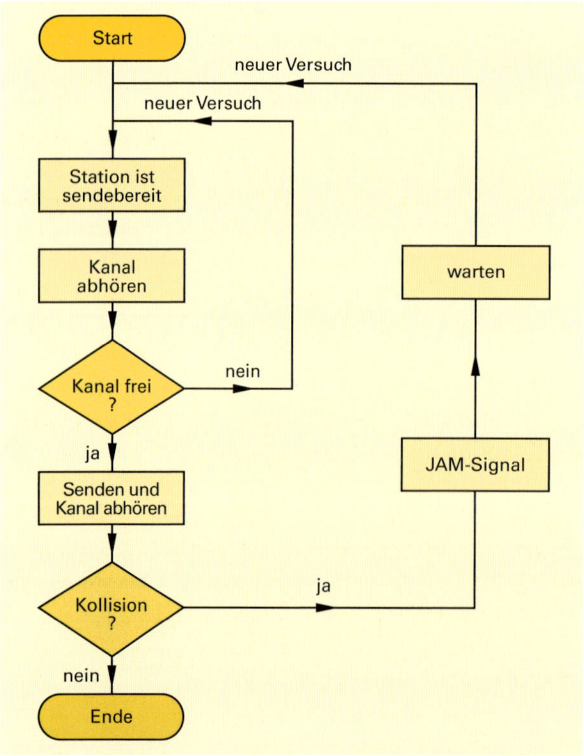

Kanal abhören: carrier sense

JAM-Signal: signalisiert eine Kollision

Kollision: Zerstörung der Datenpakete

warten: Sendepause, Länge zufallsbedingt

Bild 1: CSMA/CD-Ablaufplan

Beim Ethernet ist das Zugriffsverfahren auf den Bus gekennzeichnet durch die Tatsache, dass alle am Netz angeschlossenen Stationen gleichzeitig Nachrichten über den Bus senden können. Das bedeutet, dass es zu Störungen kommen kann. Senden zwei Stationen gleichzeitig, so kommt es zu einer Kollision der Datenpakete. Die zu übertragenden Informationen werden dabei zerstört. Im Ethernet wird daher ein Zugriffsverfahren verwendet, das mögliche Kollisionen prinzipiell zulässt. Es ist das **CSMA/CD-Verfahren** (**C**arrier **S**ense **M**ultiple **A**ccess with **C**ollision **D**etect), eine Trägererkennung mit Mehrfachzugriff und Kollisionserkennung. Die Verwendung des Begriffs "Träger" bzw. "Carrier" ist in der Entwicklungsgeschichte des Ethernet begründet. Das CSMA-Verfahren wurde erstmals bei der drahtlosen Übertragung von Daten angewendet. Die zu übertragenden Daten sind dabei auf einen hochfrequenten Träger moduliert und dann über eine Antenne abgestrahlt worden. Für das drahtgebundene Ethernet bedeutet Trägererkennung, dass Daten auf der Leitung vorhanden sind.

Die Abkürzung CS (CS: Carrier Sense, Trägererkennung) bedeutet, dass die an das Netz angeschlossenen Stationen den Bus abhören. Abhören bedeutet die Überprüfung, ob ein Signal mit Daten auf dem Bus vorhanden ist. Erkennt eine sendebereite Station, dass der Bus frei ist, beginnt sie zu senden. Sie hat dabei Zugriff auf alle Stationen (MA: Multiple Access, Mehrfachzugriff). Die sendende Station kann den Adressaten ihrer Nachricht ohne Einschränkung frei wählen.

Senden zur gleichen Zeit noch andere Stationen ihre Daten auf den Bus - es gilt auch für sie der Mehrfachzugriff (MA) - so kommt es zu Kollisionen. Die Daten werden dabei zerstört. Sie sind nicht mehr lesbar.

Da die Stationen weiterhin den Bus abhören, erkennen Sie die Kollision (Collision Detect, Kollisionserkennung) und brechen sofort ihre Datenübertragung ab. Die beiden an der Kollision beteiligten Stationen erzeugen jede für sich eine zeitlich zufallsbedingte Sendepause.

Nach Ablauf der Wartezeit beginnt die Station erneut zu senden, die die zufallsbedingt kürzere Wartezeit hatte. Es ist daher unwahrscheinlich, dass es wieder zu einer Kollision bei der Datenübertragung kommen kann.

Die von einer Station gesendeten Daten haben eine gewisse Laufzeit, die von den verwendeten Übertragungsmedien abhängt. Es vergeht immer eine Zeitspanne, bis alle Stationen den Kanal als besetzt erkennen. Gibt eine Station während dieser Zeit eine Nachricht auf den Kanal, kommt es ebenfalls zu einer Kollision. Das **JAM-Signal**, ein Signal, das eine erfolgte Kollision anzeigt, wird von den Stationen gesendet, deren Daten an der Kollision beteiligt waren (jam: engl. quetschen). Es soll damit erreicht werden, dass die sendenden Stationen ihre Übertragung und Bearbeitung der Daten abbrechen

Der Programmablaufplan (Bild 1, Seite 40) zeigt zusammenfassend die Wirkungsweise des CSMA/CD-Verfahrens.

5.2 Übertragungsmedien für das Ethernet

Das Ethernet ist für unterschiedliche Übertragungsmedien undTopologien ausgelegt. Die Bezeichnungen der verwendeten Übertragungsmedien geben Auskunft über die Bitrate, das Übertragungsverfahren sowie über die maximale Kabellänge. Die Kabelbezeichnungen unterscheiden und charakterisieren die unterschiedlichen Übertragungsmedien.

Die Kabelbezeichnung **10 Base 5** lässt sich wie folgt entschlüsseln:

- Die Zahl 10 gibt die Übertragungsgeschwindigkeit (Bitrate) an, hier 10 Mbit/s.
- Das Wort "Base" beschreibt das Übertragungsverfahren der Daten. Es bedeutet hier Basisband-Übertragung. Bei der Basisband-Übertragung können Daten über ein Medium zu einem Zeitpunkt nur in eine Richtung übertragen werden. Steht an Stelle des Wortes Base das Wort „Broad", so handelt es sich um eine Breitband-Übertragung. Hier lassen sich zeitgleich mehrere unterschiedliche Datenpakete über einen Kabel übertragen.
- Die Ziffer "5" gibt die maximale Länge des Kabels mit 500 m an. D. h., das Kabel darf eine Länge von 500 m nicht überschreiten. Das verwendete Kabel ist als Koaxialkabel ausgeführt.

5.2.1 Thin-Ethernet

Das Übertragungsmedium „**10 Base 2**" wird alsThin-Ethernet bezeichnet. Zur Verwendung kommt ein dünnes (thin) Koaxialkabel. Die maximale Kabellänge zwischen zwei Stationen beträgt auf Grund der hohen Dämpfung 185 m (nicht 200 m, wie die „2" in der Bezeichnung vermuten lässt).

In der Praxis werden 10-Base-2-Netze nicht mehr installiert. In noch bestehenden 10-Base-2-Netzen sind die Rechner mit dem Bus über eine Netzwerkkarte NIC (Network Interface Card) verbunden. Die Netzwerkkarte ist im Rechner installiert und sorgt zum einen für die Anpassung der zu sendenden Daten an das Übertragungsmedium und zum anderen für die Anpassung der empfangenen Daten an den Rechner. Der Anschluss des Busses an die im Rechner installierten Netzwerkkarte erfolgt überT-Stücke und BNC-Stecker. Beide Bus-Enden müssen stets mit einem Abschlusswiderstand, dem „Terminator" abgeschlossen werden. Der Wert dieses Abschlusswiderstandes entspricht dem Wellenwiderstand des Kabels und beträgt für Koaxialkabel 50 Ω (siehe Bild 1, nächste Seite).

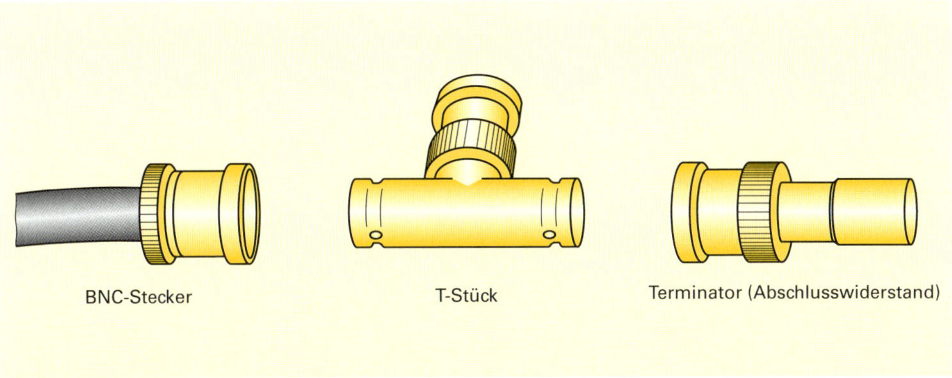

Bild 1: BNC-Stecker, T-Stück, Abschlusswiderstand (Terminator)

5.2.2 Thick-Ethernet

Das **Thick-Ethernet** verwendet als Übertragungsmedium das Koaxialkabel mit der Bezeichnung **10-Base-5**. Es hat, wie das Thin-Ethernet, einen Wellenwiderstand von 50 Ω. Der Innenleiter des Kabels ist dicker, daher die Bezeichnung „Thick"-Ethernet.

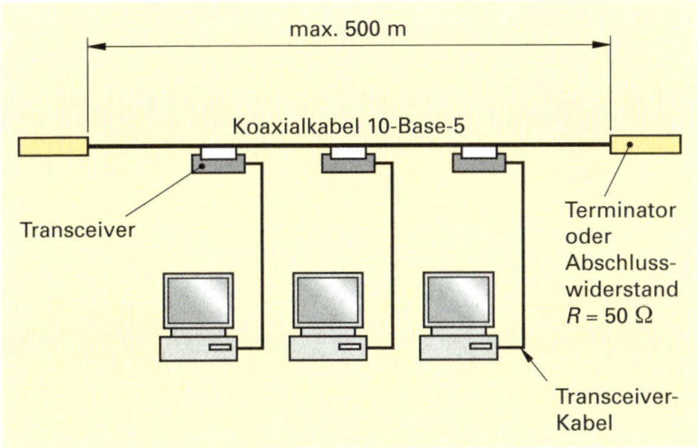

Bild 2: Prinzip der Thick-Ethernet-Verkabelung

Die Dämpfung ist damit auch geringer. Es können daher maximal 500 m ohne Zusatzgeräte überbrückt werden.

Die Ankopplung an den Bus erfolgt über einen **Transceiver**. Das Wort Transceiver ist aus den Wörtern Transmitter (Sender) und Receiver (Empfänger) entstanden. Er stellt eine Sende-/Empfangseinrichtung dar, die direkt mit dem Bus verbunden ist. Der Transceiver empfängt Datenpakete vom Bus und sorgt für die Trägererkennung (carrier sense). Zudem erkennt der Transceiver Kollisionen und sendet für diesen Fall ein Jam-Signal (Jam: quetschen) über den Bus, um sicherzustellen, dass die anderen angeschlossenen Transceiver die Kollision ebenfalls erkennen. Die Verbindung vom Transceiver zum Netzkartenadapter erfolgt in der Station über ein Transceiver-Kabel. Wie beim Thin-Ethernet müssen die Bus-Enden ebenfalls mit Terminatoren abgeschlossen werden.

5.3 Twisted-Pair-Ethernet

Das Twisted-Pair-Ethernet hat eine sternförmige Topologie (Bild 1). Da das Ethernet-Prinzip auf einer Bus-Topolgie beruht, wird beim Einsatz des Twisted-Pair-Kabels der Bus durch einen Hub, auch als Multiport-Repeater bezeichnet, nachgebildet. In Neuanlagen kommt hier ein Switch zur Anwendung.

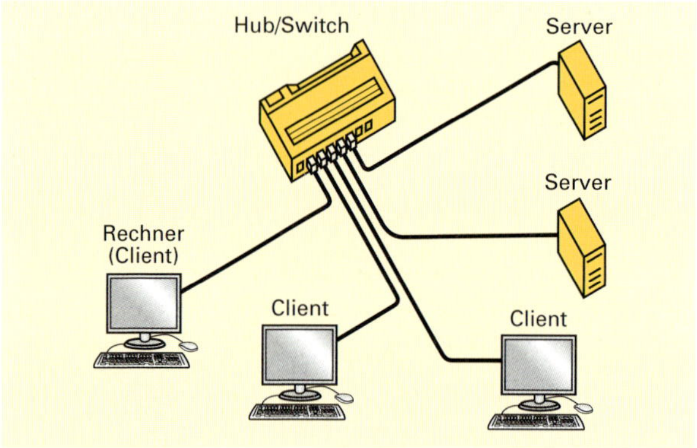

Bild 1: Prinzip der Twisted-Pair-Ethernet-Verkabelung

In beiden Fällen handelt es sich hier um Netzwerkkomponenten mit mehreren Ein- und Ausgängen. Die an den Eingängen liegenden Signale werden verstärkt und auf die Ausgänge verteilt. Angeschlossen werden die Verbindungskabel über **RJ-45 Stecker** und **RJ-45-Buchsen**.

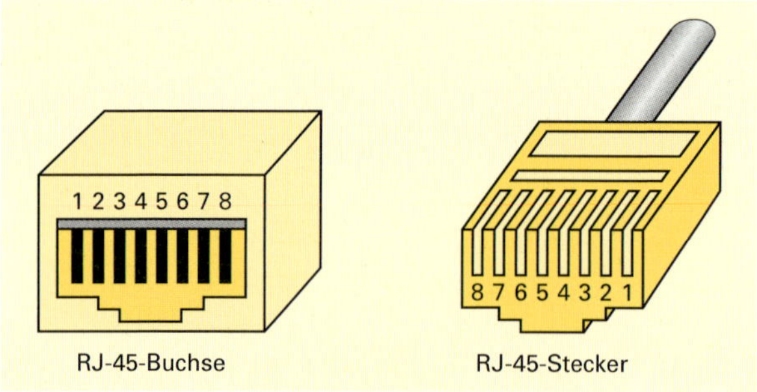

Anschlussbelegungen:
10-Base-T und **100-Base-T**-Kabel werden mit den Pins 1, 2, 3 und 6 verbunden.
Das Kabel **1000-Base-T** benötigt alle acht Pins.

Bild 2: RJ-45-Buchse und RJ-45-Stecker

Alle Stationen sind über Netzwerkkabel verbunden. Fällt eine Station infolge einer Störung aus, so wird sie abgeschaltet. Die Gesamtfunktion des Netzes bleibt erhalten.

Als Übertragungsmedien werden Kabel mit der Bezeichnung **10-Base-T** und **100-Base-Tx** benutzt. Es handelt sich in beiden Fällen um zwei verdrillte Adernpaare. Ihr Wellenwiderstand Z_W beträgt 100 Ω. Ein Netz, das mit 100-Base-Tx-Kabeln aufgebaut ist, wird auch als **Fast-Ethernet** bezeichnet.

Das Kabel **1000-Base-T** ist ein 4-paariges Twisted-Pair-Kabel der Kategorie 5 oder 7. Dieses

Kabel ermöglicht Übertragungsgeschwindigkeiten bis zu 1 Gbit/s. Das Kabel wird in der **Gigabit-Ethernet**-Technologie eingesetzt.

5.4 Lichtwellenleiter-Ethernet

Die Datenübertragung mit Lichtwellenleitern LWL nach **„10-Base-F"** und **„100-Base-Fx"** wird beim Ethernet nur für eine **Punkt-zu-Punkt-Verbindungen** verwendet. Nachteilig ist, dass dabei nur zwei Stationen direkt miteinander verbunden sind. Die Entfernung, die hier überbrückt werden kann, beträgt für den Lichtwellenleiter „10-Base-F" zwei Kilometer und für den Lichtwellenleiter LWL „100-Base-Fx" 400 Meter. Die überbrückbaren Entfernungen sind gegenüber Koaxial-Kabel und Twisted-Pair-Kabel wesentlich größer, da die Dämpfung beim Lichtwellenleiter geringer ist.

Der Nachteil, dass nur zwei Stationen direkt miteinander verbunden sind, wird durch den Einsatz von **„Medienkonvertern"** aufgehoben. Mit dieser Netzwerkkomponente ist es möglich, LWL-Verbindungen mit anderen Netzformen zu verbinden.

5.5 Ethernet-Varianten

IEEE-Standard	Bezeichnung	Übertragungs-geschwindigkeit	Übertragungs-medium
802.3	10 Base 5	10 Mbit/s	Koaxialkabel
802.3a	10 Base 2	10 Mbit/s	Koaxialkabel
802.3i	10 Base T	10 Mbit/s	Twisted-Pair-Kabel
802.3j	10 Base F	10 Mbit/s	Lichtwellenleiter
802.3u	100 Base Tx	100 Mbit/s	Twisted-Pair-Kabel
	100 Base Fx	100 Mbit/s	Lichtwellenleiter
802.3z	1000 Base Sx	1 Gbit/s	Lichtwellenleiter
802.3ab	1000 Base T	1 Gbit/s	Twisted-Pair-Kabel

Bild 1: Ethernet-Varianten

Aufgaben

1	Warum müssen die Kabelenden in Netzen mit einer Bus-Topologie mit einem Abschlusswiderstand abgeschlossen werden?
2	Erklären Sie das CSMA/CS-Zugriffsverfahren.
3	Welche Aufgabe hat das JAM-Signal?
4	Geben Sie die wesentlichen Unterschiede zwischen dem Thick-Net und dem Thin-Net an.
5	Welche Aufgaben hat ein Transceiver und wo wird er eingesetzt?

6 TOKEN-RING

Der Token-Ring ist ein LAN in der Ring-Topologie. Alle Rechner, hier mit Stationen bezeichnet, sind an den Ring angeschlossen. Im Ring kreist ständig von Station zu Station ein Bitmuster – der **Token**. Der Token hat die Aufgabe, den Zugriff der angeschlossenen Stationen auf das Übertragungsmedium zu ermöglichen. Die Übertragung der Daten im Ring erfolgt nur in einer Richtung, d. h. direktional. Die Übertragung ist nur bei geschlossenem Ring möglich.

Das Token-Ring-Netz hat die folgenden Kenndaten:

- Die Übertragungsrate beträgt 16 MBit/s.
- An einen Ring können maximal 260 Stationen angeschlossen werden.
- Die Ausdehnung des Netzes darf ohne Verstärker 800 m nicht überschreiten.
- Der Abstand zwischen den Stationen beträgt maximal 200 m.

6.1 Zugriffsverfahren beim Token-Ring

Die Datenübertragung wird durch ein Zugriffsverfahren geregelt, das dafür sorgt, dass der Datenaustausch u. a. effektiv und fair vonstatten geht. Es handelt sich hier um das **Token-Passing-Verfahren**.

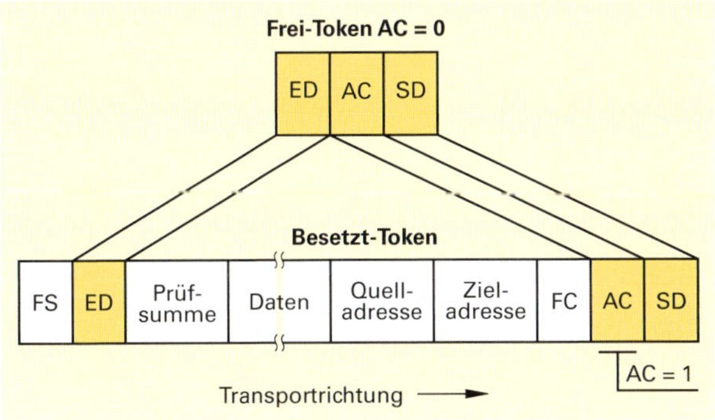

ED: Ending
AC: Access Control
SD: Starting Delimiter
FC: Frame Control
FS: Frame Status

Bild 1: Aufbau des Token

Findet im Token-Ring keine Datenübertragung statt, so umkreist ein **Frei-Token** den Ring ständig in eine Richtung. Der Frei-Token wird aus einem 3 Byte langen Bitmuster gebildet (Bild 1).

Das rechte Byte des Token wird mit „SD“ (**Starting Delimiter**: Startbegrenzer) gekennzeichnet. Es markiert den Beginn des Token. An dem SD-Byte erkennen die angeschlossenen Stationen den Token.

Das mittlere Byte „AC“ (**Access Control**: Zugriffssteuerung) enthält ein Token-Bit T. Dieses Bit kennzeichnet den Token als frei (T=0) bzw. besetzt (T=1).

Abgeschlossen wird der Token durch das dritte Byte „ED“ (**Ending**: Endbegrenzer).

Bild 1a stellt einen Token-Ring dar. Er besteht hier aus vier Stationen, die jeweils über eine eigene Ringschnittstelle an den Ring gekoppelt sind. Die Rechner arbeiten als Sender und Empfänger von Nachrichten. Im Ring kreist der Frei-Token. Will z. B. die Station B eine Nachricht an die Station D senden, so wartet sie so lange, bis der Frei-Token ihre Ringschnittstelle erreicht. Die sendewillige Station B kennzeichnet den Frei-Token als „besetzt“, indem das Token-Bit auf T=1 gesetzt wird. An diesen **Besetzt-Token** wird von der sendenden Station ein Daten-Paket angehängt.

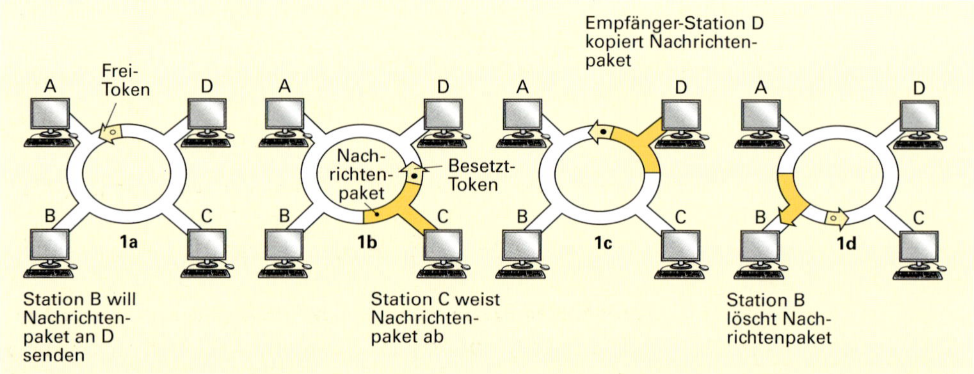

Bild 1: Zugriffsverfahren beim Token-Ring

Dieses Paket beginnt mit einem Kopf, dem **Header**. Er enthält die Zieladresse und den Absender (Quelladresse) des Daten-Paketes. Dem Header ist das Daten-Paket mit den zu übermittelnden Daten angefügt. Abgeschlossen wird das Daten-Paket von einer Bitfolge, die zu Kontroll- und Prüfzwecken eine Prüfsumme enthält, gefolgt von zwei Bytes für eine Empfangsbestätigung. Token und Daten-Paket stellen den **Rahmen (Frame)** dar, wobei das Byte „Startbegrenzer“ SD und das Byte „Endbegrenzer“ ED den Anfang und das Ende des Rahmens kennzeichnen. Dieser Rahmen kreist jetzt im Ring und enthält neben der Nachricht die Adresse der Station D.

Passiert der Rahmen die Station C, so überprüft diese, ob die Nachricht für sie bestimmt ist (Bild 1b). Da dies nicht der Fall ist, wird das Paket unverändert weiter zur Station D gesendet. Station D erkennt an der Adresse, dass die Nachricht für sie bestimmt ist. Sie kopiert die Nachricht für die Weiterverarbeitung, quittiert sie, indem sie die empfangene Nachricht als erhalten kennzeichnet und sendet sie weiter zur Station B (Bild 1c). Station B entfernt jetzt die Nachricht aus dem Ring und erzeugt wieder einen neuen Frei-Token (Bild 1d). Will eine andere Station während der Übermittlung eines Daten-Pakets senden, so kann sie erst dann ihre Daten auf den Ring geben, wenn sie einen Frei-Token zur Verfügung hat. Der Zugriff auf den Übertragungskanal, den Ring, ist damit konfliktfrei möglich.

Im Token-Ring übernimmt einer der angeschlossenen Stationen die Überwachung des Token-Rings. Diese Station ist die **Monitor-Station** oder der **Monitor**. Aufgabe des Monitors ist es, auftretende Fehler im Ring zu erkennen und zu beheben. Der Monitor kennzeichnet alle Daten-Pakete, die ihn passieren. Passiert das gekennzeichnete Datenpaket erneut den Monitor, erkennt er, dass das Daten-Paket nicht von der gesendeten Station aus dem Ring genommen worden ist. Der Monitor entfernt das Daten-Paket und wandelt den Belegt-Token in einen Frei-Token um. Der Fehler ist behoben.

6.2 Early-Token-Release

Bei dem beschriebenen Token-Ring-Verfahren handelte es sich um einen Single-Frame-Ring. Nur ein Rahmen mit den Daten kreist im Ring. Die Sendestationen erzeugen erst dann einen Frei-Token, wenn sie ihr vom Empfänger quittiertes Datenpaket aus dem Ring genommen haben. Werden nur kurze Nachrichten übertragen oder liegen ausgedehnte Netze mit hohen Übertragungsgeschwindigkeiten vor, wird der Token-Ring nicht effektiv genutzt. Sendewillige Stationen sind zwangsweise untätig, obwohl der Ring genug freien Platz für weitere Datenpakete aufweist.

Beim **Early-Token-Release** (frühes Freilassen des Token) kreist ein Frei-Token im Ring. Er wird von der sendewilligen Station in einen Belegt-Token umgewandelt und mit einem Datenpaket versehen. Nachdem der Rahmen gesendet worden ist, erzeugt die sendende Station A nach einer kurzen Wartezeit einen neuen Token, den Early-Token.

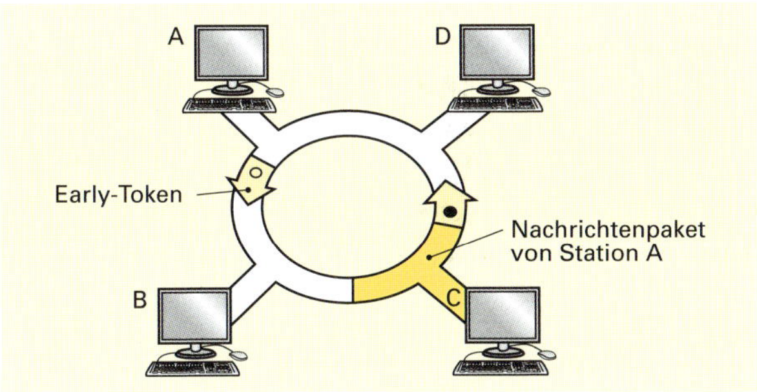

Bild 1: Station A erzeugt ein Early-Token

Der Early-Token, der ein Frei-Token darstellt, kann von einer sendewilligen Station genutzt werden, um eine weiteres Daten-Paket auf den Ring zu bringen.

Dies bedeutet in der Praxis eine Steigerung des Daten-Durchsatzes. Zur Anwendung kommt das Prinzip des „Early-Token" in ausgedehnten Token-Ring-Netzen mit einer Übertragungsrate von 16 MBit/s.

6.3 Übertragungsmedien für den Token-Ring

Die Verbindung der im Ring angeschlossenen Stationen erfolgt hauptsächlich über UTP-Kabel der Kategorie 5 (Cat 5, Seite 20). Als Steckverbindungen werden RJ-45-Stecker verwendet.

6.4 FDDI

Eine Weiterentwicklung des Token-Ring ist das **FDDI** (**F**iber **D**istributed **D**ata **I**nterface, verteilte Datenschnittstelle mit Glas-Fasern). Das Zugriffsverfahren entspricht dem Early-Token-Prinzip. Das FDDI ist ein Hochgeschwindigkeitsnetz mit einer Datenübertragungsgeschwindigkeit von 100 MBit/s. Es ist speziell für die Übertragung der Daten auf Glasfasern entworfen worden (Bild 1).

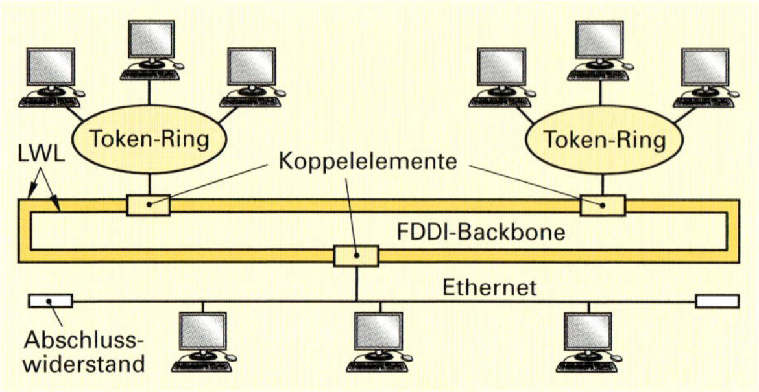

Bild 1: FDDI-Backbone

Aus Kostengründen sind FDDI-Prinzipien entwickelt worden, die als Übertragungsmedium auch Unshielded-Twisted-Pair-Kabel und Shielded-Twisted-Pair-Kabel verwenden. Eingesetzt wird das FDDI-Verfahren zum Aufbau von **Backbone-Netzen** (backbone: Rückgrat). Mehrere gleiche oder auch unterschiedliche Netztopologien werden über ein „Backbone" verbunden. Daneben wird das FDDI-Netz auch im Multimediabereich eingesetzt. Es ist neben der Übertragung von Daten auch geeignet, digitalisierte Sprache und Bilder zu übertragen.

Die FDDI-Netze sind mit zwei Ringen aufgebaut, dem Primärring und dem Sekundärring. Mit der doppelten Ringausführung wird eine hohe Sicherheit gegenüber Leitungsunterbrechungen erreicht.

6.5 Token–Bus

Bei der Token-Bus-Topologie sind alle Stationen an einen Bus geschaltet. Die Zugriffsregelung zum Bus erfolgt wie beim Token-Ring über einen Token, d. h. die Station, die den Frei-Token besitzt, darf senden.

Damit die am Token-Bus beteiligten Stationen nacheinander den Token erhalten können, sind sie zu einem logischen Ring verbunden. Voraussetzung dazu ist, dass jede Station die Adresse ihrer Nachbarstation kennt.

Beim Start des Netzwerkes erzeugt die Station mit der höchsten Adresse erstmalig einen Token. Der Token-Bus wird initialisiert. Die Station, die den Token erzeugt hat, gibt ihn, wenn sie nicht selber senden will an die Nachbarstation weiter. Die Nachbarstation ist jetzt im Besitz des Tokens und hat damit die Möglichkeit, Daten auf den Token-Bus zu geben. Ist diese Station nicht sendewillig, wird der Token an den nächsten Nachbarn weitergegeben. Hat in diesem logischen Ring keine Station einen Auftrag zum Senden, wird der Token letztlich wieder bei der Station mit der höchsten Adresse eintreffen, der Ring ist geschlossen.

Die Verbindung der Stationen über Anschlusskabeln mit dem Token-Bus kann in einer beliebigen Reihenfolge erfolgen. Maßgebend für die Ringbildung ist die Vergabe der Adressen.

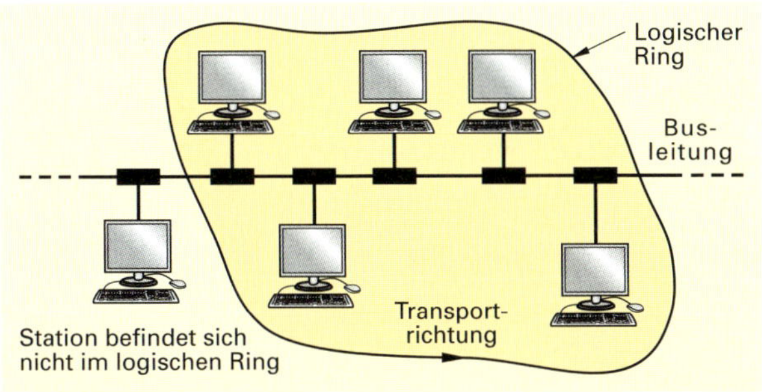

Bild 1: Der Token-Bus

Aufgaben

1	Wie erfolgt der Datenaustausch in einem Token-Ring-Netzwerk?
2	Welches spezielle Signal muss eine Station besitzen, damit sie Daten übertragen kann?
3	Welche Aufgaben hat die Monitor-Station beim Token-Ring?
4	Wie wird das Token-Passing-Verfahren auf eine busförmigen Verkabelung umgesetzt?
5	Wie kann der Datendurchsatz bei einem Token-Ring-Netzwerk gesteigert werden?
6	Begründen Sie warum FDDI-Netze mit zwei Ringen aufgebaut sind.

7 NETZWERKGERÄTE

Mit **Netzwerkgeräten** oder **Netzwerkkomponenten** werden lokale Netzwerke LAN erweitert. Netzwerke mit unterschiedlichen Topologien, wie die Bus-Topologie und die Ring-Topologie, können mit speziellen Netzwerkgeräten miteinander verbunden werden.

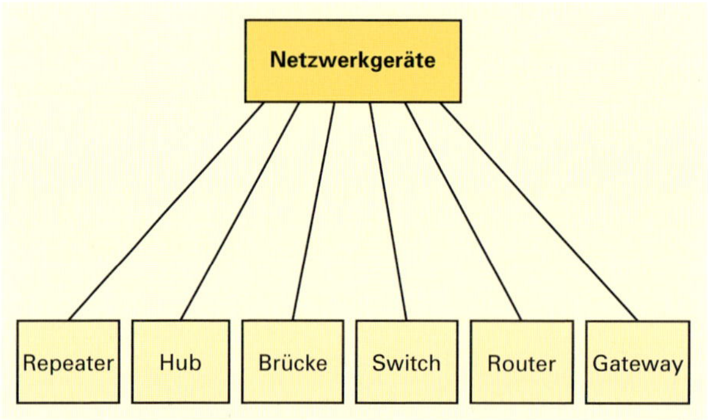

Bild 1: Netzwerkgeräte

7.1 Repeater

Die physikalischen Eigenschaften, wie z. B. die Dämpfung a, der verwendeten Übertragungsmedien (Kabel, Lichtwellenleiter, Funk) eines Netzes bestimmen den maximalen Abstand zwischen zwei Rechnern. Wird der zulässige Abstand überschritten, muss ein **Repeater** (Wiederholer) eingesetzt werden. Dazu wird der Repeater zwischen die Rechner installiert. Der Repeater regeneriert das Signal und gibt die Daten an den nächsten Rechner weiter. Bitübertragungsfehler, die auf dem Übertragungsweg aufgetreten sind, werden vom Repeater nicht erkannt. Sie werden weitergegeben.

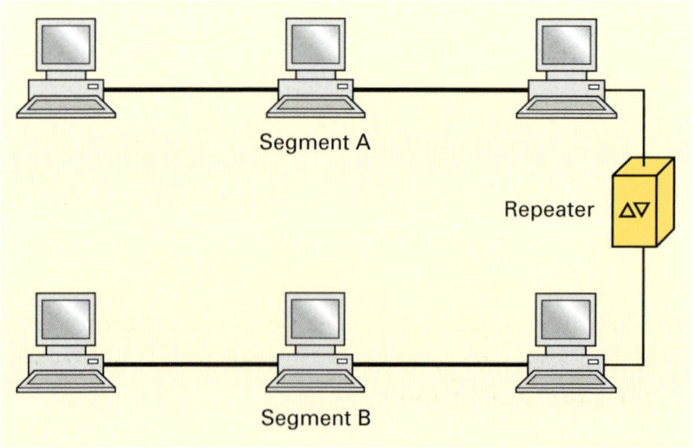

Bild 2: Netzwerkerweiterung mit einem Repeater

Der Repeater arbeitet auf der Schicht L1 des OSI-Schichtenmodells (Bild 1, Seite 53). Er hat keinen Einfluss auf die angeschlossenen Stationen. Das bedeutet, dass auf der Eingangs- und Ausgangsseite des Repeaters identische Netzwerke mit übereinstimmenden Protokollen angeschlossen sein müssen. Es ist nicht möglich, mit einem Repeater unterschiedliche Netzwerktopologien wie z.B. Ethernet und Token-Ring miteinander zu verbinden.

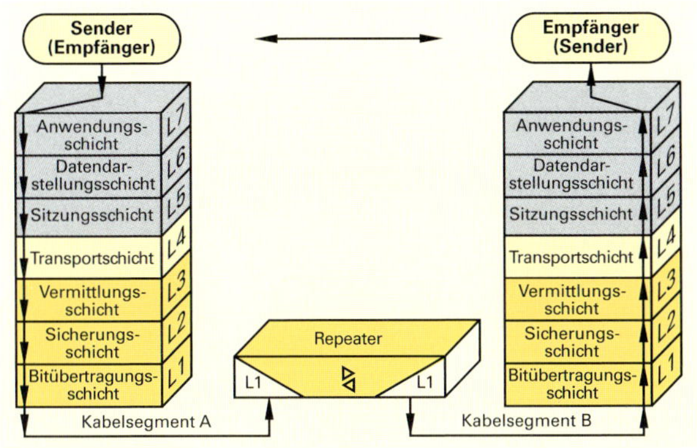

Bild 1: Repeater im OSI-Modell

7.2 Hub

In Netzen mit einer Twisted-Pair-Verkabelung wird anstelle eines Repeaters ein **Hub** (Achse, Mittelpunkt) eingesetzt. Dieses Netzwerkgerät ist auch bekannt unter den Bezeichnungen Konzentrator oder Sternkoppler. Der Hub arbeitet als Verteiler und ermöglicht daher eine sternförmige Vernetzung. Ankommende Datenpakete werden von ihm an die angeschlossenen Rechnern verteilt.

Die Verteilung der Datenpakete kann mit einem passiven Hub erfolgen. Dieser passive Hub regeneriert die weitergeleiteten Signale nicht. Im Gegensatz dazu regeneriert der aktive Hub, wie der Repeater, die zu verteilenden Signale. Aktive Hubs arbeiten somit als Verstärker und Verteiler. Im Allgemeinen hat ein Hub acht oder mehr Ports. Mit Ports werden hier die Ein- und Ausgänge bezeichnet. Er wird deshalb auch als **Multiport-Repeater** bezeichnet. Der Hub arbeitet auf der Schicht L1 des OSI-Modells.

7.3 Brücken (Bridges)

Die Brücke ist ein Netzwerkgerät, das auf der Schicht L2 des OSI-Schichtenmodells arbeitet (Bild 1, nächste Seite). Mit der Brücke lassen sich lokale Netze miteinander verbinden, auch bei unterschiedlichen Übertragungsmedien. So lassen sich Netze mit Koaxialkabeln mit Netzen mit Twisted-Pair-Kabeln koppeln (Bild 2, nächste Seite).

Brücken haben üblicherweise je einen Port für die beiden Netze, die sie verbinden. Brücken mit mehreren Ports sind in der Lage, mehrere Netze untereinander zu verbinden. Eine solche Brücke trägt die Bezeichnung **Multiport-Brücke**.

Die Brücke regeneriert, wie der Repeater, die zu übertragenden Signale. Die Brücke ist allerdings ein „intelligentes" Netzwerkgerät. Sie benötigt für ihren Betrieb eine eigene Software. Sie überträgt nur die Daten an die angeschlossenen Stationen, die auch für sie bestimmt sind. Die Brücke ist dazu in der Lage, die Adressen der ankommenden Datenpakete zu lesen und die Verbindung entsprechend zu schalten.

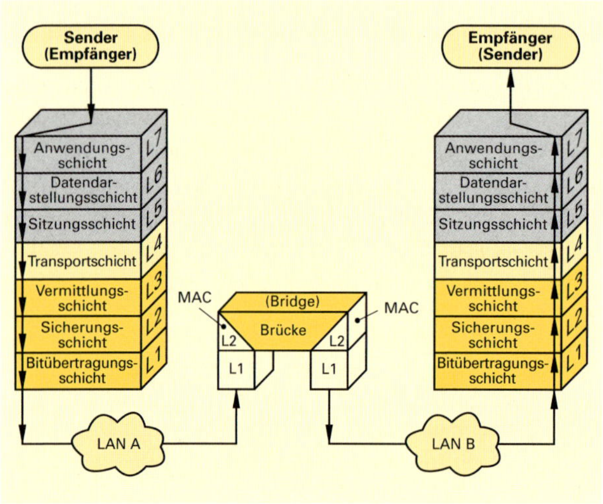

Bild 1: Brücke im OSI-Modell

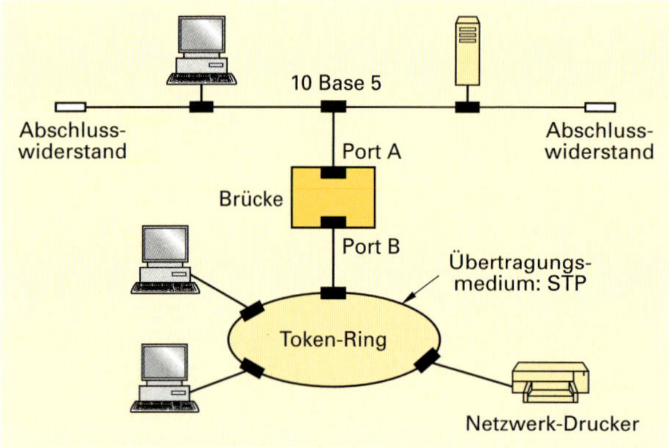

Terminator: Abschlusswiderstand

10-Base-5: Thick-Ethernet

STP: Shielded-Twisted-Pair

Bild 2: Netzwerkerweiterung mit einer Brücke

Die Station A im Netz 1 (Bild 3) sendet an die Station B im Netz 1 und an die Station C im Netz 2 ein Datenpaket. Die Brücke empfängt beide Pakete und kopiert sie. Das Paket, das für die Station B bestimmt ist, wird nach dem Lesen und Auswerten der Adresse ohne Unterstützung durch die Brücke an die Station B im Netz 1 weitergeleitet. Das Datenpaket für die Station C wird von der Brücke in das Netz 2 übertragen.

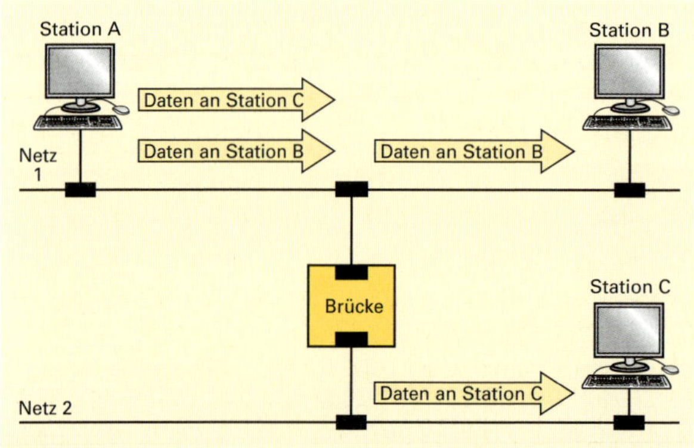

Bild 3: Datenselektion mit einer Brücke

7.4 Switch

Der **Switch** (Schalter) ist ein Gerät der OSI-Schicht L2. Der Switch verbindet auch lokale Netzwerke, die unterschiedliche Übertragungsmedien haben und selektiert die ankommenden Datenpakete. Er erkennt die Zieladresse und schaltet die Daten direkt auf die Leitung zur Empfangsstation. Es können nahezu gleichzeitig mehrere Stationen, die zu einem Teilnetz gehören, über den Switch untereinander Daten austauschen. Dazu ist der Switch intern mit einem schnellen Bus ausgerüstet, über den die Daten zwischen den Ports übertragen werden. Der Switch kann seine Ports direkt untereinander verbinden. Dadurch ist es möglich, mehrere Verbindungen gleichzeitig aufrecht zu erhalten.

7.5 Router

Router sind Netzwerkgeräte, die auf der Schicht L3 des OSI-Modells arbeiten (Bild 1).

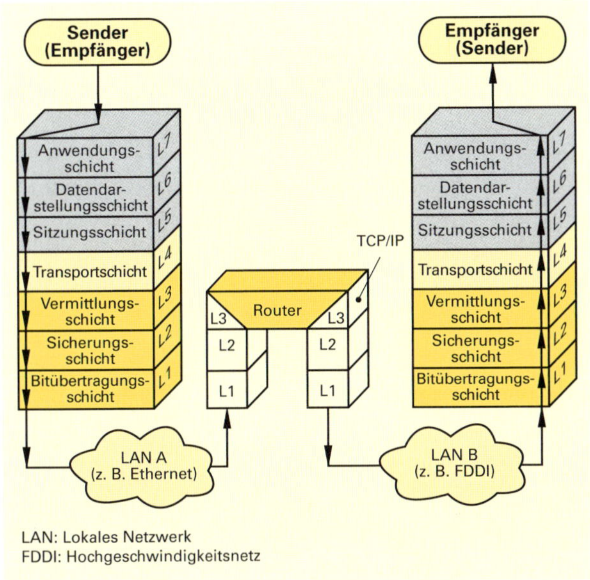

LAN: Lokales Netzwerk

FDDI: Hochgeschwindigkeitsnetz

Bild 1: Router im OSI-Modell

Sollen Netze mit unterschiedlichen Topologien miteinander Daten austauschen, müssen sie über **Router** verbunden werden. Router verbinden z. B. Token-Ring-Netze mit Ethernet- und FDDI-Netzen. Ein Router wird also immer dann eingesetzt, wenn Stationen unterschiedlicher Netzformen untereinander Nachrichten austauschen sollen (Bild 1, nächste Seite).

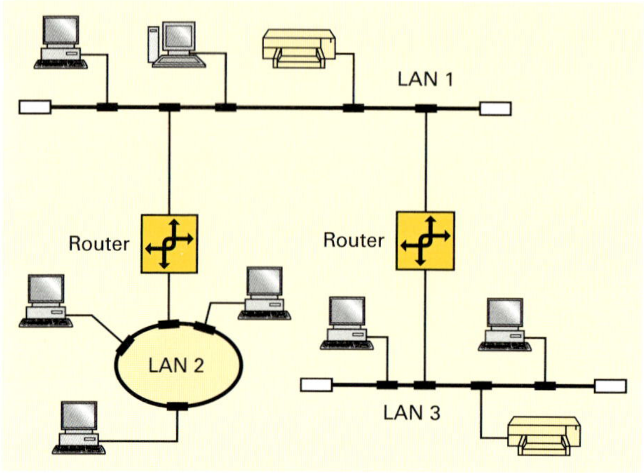

LAN 1: Ethernet

LAN 2: Token Ring

LAN3: Ethernet

Bild 1: Netzwerkerweiterung mit Routern

Die wichtigste Funktion eines Routers ist die Bestimmung des Weges, den die Daten von der sendenden Station zum Empfänger nehmen sollen. Bestehen zwischen zwei Stationen, die sich in unterschiedlichen Netzen befinden, mehrere mögliche Verbindungswege, so ermittelt der Router in Verbindung mit anderen Routern den günstigsten Weg. Auf diesem Weg findet anschließend der Datenaustausch zur Empfangsstation statt. Die Datenpakete werden geroutet.

Weiter ist der Router in der Lage, fehlerhafte Datenpakete zu erkennen und auszufiltern. Diese Filtermöglichkeit wird auch dazu genutzt, **Firewalls** (Feuermauer) aufzubauen. Ein Firewall sorgt dafür, dass nur berechtigte Nutzer eines Netzes auf Daten und Nachrichten zugreifen können.

7.6 Medienkonverter

Der **Medienkonverter** hat die Aufgabe zwei unterschiedliche Übertragungsmedien, z. B. Twisted-Pair-Kabel und Lichtwellenleiter, aneinander anzupassen. Es lassen sich mit dem Medienkonverter unterschiedliche Übertragungsmedien innerhalb eines lokalen Netzwerkes miteinander koppeln. Ältere Netzwerkinstallationen können so mit einer LWL-Verkabelung verbunden werden. Dazu muss der Medienkonverter in der Lage sein, ein elektrisches Signal in ein optisches Signal umzuwandeln. Ferner müssen die unterschiedlichen Übertragungsgeschwindigkeiten der zu verbindenden Medien untereinander angepasst werden.

7.7 Gateway

Netze unterschiedlicher Topologien und unterschiedlicher Adressierungsarten werden über ein **Gateway** (Torweg) miteinander verbunden (Bild 1, nächste Seite). Im Gegensatz zum Router werden die vom Gateway empfangenen Datenpakete so verändert, dass sie von einem Empfänger eines anderen Netzes verstanden und damit verarbeitet werden können. So ist es mit einem Gateway möglich, von einem lokalen Netzwerk LAN zu einem öffentlichen Netzwerk WAN (z. B. Telekom) eine Verbindung herzustellen.

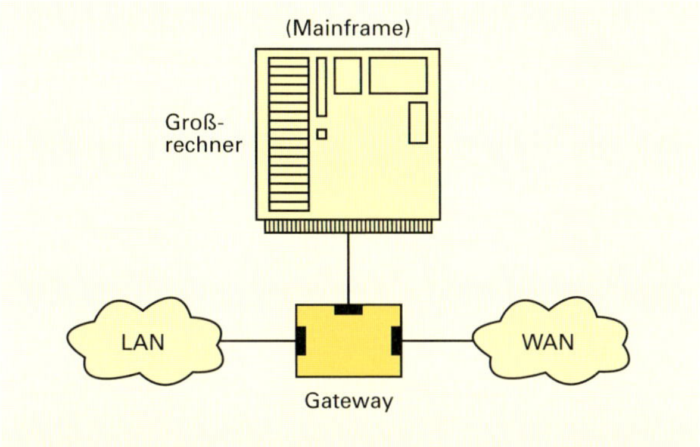

Mainframe: leistungsfähiger Großcomputer

Bild 1: Netzwerkerweiterung mit einem Gateway

Aufgaben

1 Erklären Sie den Unterschied zwischen einem Repeater und einer Brücke (Bridge).

2 Auf welcher Schicht des OSI-Schichtenmodells arbeiten die sieben beschriebenen Netzwerkgeräte?

3 Erklären Sie das Prinzip der Datenselektion mit einer Brücke.

4 Welche Aufgabe hat ein Medienkonverter?

5 Beschreiben Sie die Funktionsweise eines Routers.

8 DRAHTLOSE NETZWERKE

Drahtlose Netzwerke (**Wireless LAN: WLAN**) sind eine Erweiterung der drahtgebundenen Netzwerken und nicht ein Ersatz. Drahtlose Netzwerke werden immer dann verwendet, wenn es darauf ankommt, schnell ein kleines lokales Rechnernetz von geringer Ausdehnung einzurichten. Dies ist z. B. dann der Fall, wenn mit Laptops während einer Sitzung Daten ausgetauscht werden sollen und eine Verkabelung nur mit einem sehr hohen Kostenaufwand zu realisieren ist.

Die Datenübertragung erfolgt drahtlos über Funkverbindungen. Die Daten werden dazu den hochfrequenten **Trägerfrequenzen** aufmoduliert. Für den WLAN-Betrieb sind die beteiligten Rechner mit **WLAN-Karten** ausgestattet. Die WLAN-Karten besitzen eine Antenne und dienen als Daten-Empfänger und Daten–Sender.

8.1 Frequenzbereiche

Die benutzbaren Frequenzen für das WLAN sind in dem Standard IEEE 802.11 und in seinen Erweiterungen festgelegt.

Standard	Frequenzbereich	Anmerkungen
802.11	2,4 GHz bis 2,485 GHz	veraltet
802.11a	6 GHz	nur gering verbreitet
802.11b	2,4 GHz bis 2,485 GHz	veraltet
802.11g	2,4 GHz bis 2,485 GHz	weit verbreitet; rückwärts kompatibel mit 802.11b
802.11n	5 GHz	geplant

Bild 1: Frequenzbereiche für das WLAN

Die überwiegend benutzten Frequenzen im 2,4 GHz-Bereich liegen im **ISM-Band** (**I**ndustrial, **S**cientific und **M**edical Band). Es ist der Frequenzbereich für industrielle, wissenschaftliche und medizinische Anwendungen. Diese Frequenzen sind anmelde- und gebührenfrei. Das hat zur Folge, dass dieser Frequenzbereich sehr stark genutzt wird und es dadurch zu Störungen beim Betrieb von WLAN-Einrichtungen kommen kann.

8.2 Funk-Übertragungsverfahren

Die Daten können mit zwei unterschiedlichen Modulationsverfahren übertragen werden, dem Frequenzsprungverfahren und der Ortogonalen Frequenzmultiplex-Modulation (OFM).

Frequenzsprungverfahren

Das Frequenzsprungverfahren (FHSS-Verfahren, Frequency Hopping Spread Spectrum-Verfahren) wird für den Standard IEEE 802.11 angewendet. Mit diesem Verfahren wird eine erhöhte Stör- und Abhörsicherheit erreicht. Die drahtlos übermittelten Daten werden von der sendenden Station mit unterschiedlichen Trägerfrequenzen über die Antenne abgestrahlt. Dazu schaltet der Sender 2,5 mal pro Sekunde die Sendefrequenz um (Frequency Hopping). Die Frequenzfolge wird mit dem Empfänger bei der Verbindungsaufnahme vereinbart. Der Empfänger schaltet synchron mit dem Sender auf die jeweilige Empfangsfrequenz um.

Orthogonale Frequenzmultiplex-Modulation

Die Orthogonale Frequenzmultiplex-Modulation (OFDM, Ortogonal Frequency Division Multiplexing) wird in drahtlosen Netzwerken verwendet, die nach dem Standard IEEE 802.11g arbeiten. Es handelt sich dabei um ein **Mehr-Träger-Verfahren**. Das verwendete Frequenzband (2,4 GHz) wird in mehreren Frequenzen unterteilt. Anstatt nur einen Träger mit den Daten zu modulieren, werden gleichzeitig mehrere Träger moduliert. Die OFDM-Modulation ist unempfindlicher gegen Störungen als andere Modulationsverfahren.

8.3 Betriebsarten

Es werden im WLAN zwei Betriebsarten unterschieden: Ad-Hoc-Modus und Inter-Struktur-Modus.

Ad-Hoc-Modus

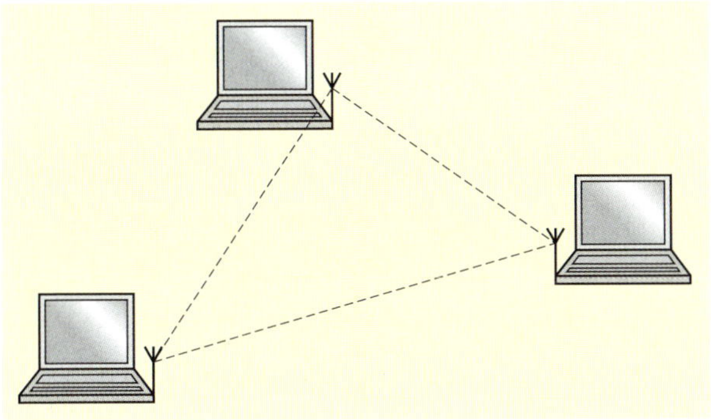

Bild 1: Ad-Hoc-Modus

Der Ad-Hoc-Modus (aus dem Augenblick heraus) kommt immer dann zur Anwendung, wenn zwei oder mehr (maximal 16) Rechner ad hoc untereinander Daten austauschen sollen. Dies ist z. B. dann der Fall, wenn mit Laptops während einer Konferenz schnell ein drahtloses Netzwerk geringer Ausdehnung aufgebaut wird. Dieser Modus entspricht einem Peer-to-Peer-Netzwerk in der drahtgebundenen Technik (Bild 1).

Infrastruktur-Modus

Der drahtlose Datenaustausch erfolgt bei dem Infrastruktur-Modus über einen **Access Point** (Zugriffsort). Der Access Point verbindet das drahtlose Netzwerk WLAN mit dem

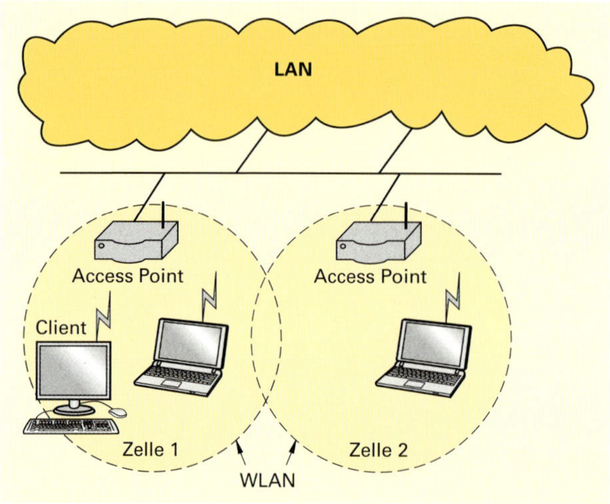

Bild 1: Infrastruktur-Modus

leitungsgebunden lokalen Netzwerk und ist somit eine Schnittstelle zwischen dem drahtlosen und dem drahtgebundenen Netz.

Bild 1 zeigt, dass die Rechner im WLAN nach der **Zell-Topologie** verbunden sind. Eine Zelle ist der Bereich um einen Access Point, in dem noch ein drahtloser Datenaustausch gegeben ist. Beim Einsatz mehrerer Access Points ergeben sich überlappende Funkzellen. Dies hat den Vorteil, dass ein „Wireless-Client" beim Übergang in die benachbarte Zelle seine Verbindung weiterhin aufrecht erhalten kann. Dieser Vorgang wird mit **Roaming** bezeichnet.

8.4 Bluetooth

Bluetooth ist ein Funknetz für kurze Distanzen. Es ersetzt Geräteanschlusskabel z. B. zwischen Tastaturen, Mäusen und Druckern und dem Rechner. Daneben ist Bluetooth ein Verfahren, mobile Kommunikationsgeräte wie Palm-PCs (kleine tragbare Computer; palm: Handfläche), Mobiltelefone u. a. mit lokalen Netzwerken zu verbinden.

Bluetoth-Geräte arbeiten, wie die im WLAN befindlichen Rechner, im lizenzfreien ISM-Band. Der Übertragungsbereich von Bluetooth-Geräten beträgt bei einer Sendeleistung von 1 mW etwa 10 m. Für die Überbrückung größerer Entfernungen ist eine höhere Sendeleistung notwendig. Die Sendleistungen sind in drei Leistungsklassen eingeteilt. Bild 1 zeigt den Zusammenhang zwischen den Leistungsklassen, der Sendeleistung und der Reichweite.

Leistungsklasse	Maximale Sendleistung	Reichweite
1	100 mW	100 m bis 150 m
2	2,5 mW	10 m bis 25 m
3	1 mW	10 m

Bild 1: Leistungsklassen der Bluetooth-Geräte

Die angegebenen Reichweiten sind allerdings stark abhängig von den baulichen Gegebenheiten, in der die Bluetooth-Geräte betrieben werden. Die hochfrequenten Schwingungen, die die Daten übertragungen, werden innerhalb von Gebäuden in ihrer Ausbreitung behindert.

Aufgaben

1 Nennen Sie die Merkmale der Zelltopologie.

2 Warum hat die Verwendung des ISM-Bandes für das WLAN Nachteile?

3 Erklären Sie das Frequenzsprungverfahren und die Orthogonale Frequenzmultiplex-Modulation.

4 Im WLAN werden zwei Betriebsarten unterschieden: der AD-hoc-Modus und der Infrarstruktur-Modus. Geben Sie die Merkmale an.

5 Welche Aufgabe hat der Access Point?

6 Nennen Sie Merkmale von Bluetooth.

9 SPEICHERNETZWERKE

In lokalen Netzwerken LAN werden Daten erzeugt, bearbeitet und ausgetauscht. Diese Daten müssen gespeichert werden, damit sie für die Nutzer verfügbar sind. Die Speicherung und der Abruf der Daten müssen ohne großen Zeitverlust ablaufen. Weiter wird gefordert, dass die Speicherkapazität problemlos ohne Datenverluste erweiterbar ist.

9.1 Direct Attached Storage (DAS)

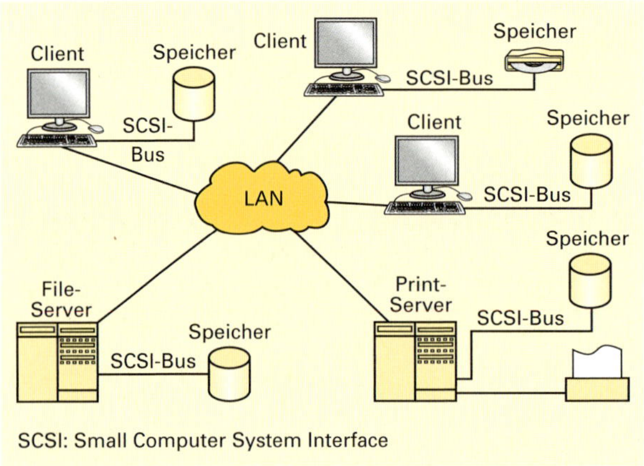

SCSI: Small Computer System Interface

Bild 1: Aufbau eines Direct Attached Store DAS

Bei diesen Speichern handelt es sich überwiegend um Festplattenspeicher, Streamer und DVD-Laufwerken. Diese können dabei im Rechner, der als File-Server eingerichtet ist, installiert sein, oder sie können sich auch außerhalb des Servers in einem separaten Gehäuse befinden. Speicher und Server sind dann mit einem **SCSI-Bus** (**S**mall **C**omputer **S**ystem **I**nterface) verbunden. Zusätzlich sind Speicher, wie Streamer und DVD, an den SCSI-Bus geschaltet. Beim SCSI-Bus handelt es sich um einen parallelen Bus. Er ermöglicht eine Datenübertragung von bis zu 320 MByte/s. An dem SCSI-Bus können bis zu 15 Server oder Speicher angeschlossen werden. Die Speicherkapazität des lokalen Netzwerkes wird nicht mehr von den installierten Speichern in den File-Servern bestimmt. Diese Art der Speichererweitung wird mit **DAS** (**D**irect **A**ttached **S**torage: direkt angeschlossener Speicher), bezeichnet).

Bild 1 zeigt den prinzipiellen Aufbau eines DAS-Systems. Die LAN-Teilnehmer (Clients) und die Speichereinheiten (z. B. Festplatten und Bandlaufwerke) sind an dem SCSI-Bus über Kabel angeschlossen. Der Bus ist an seinen Enden mit Widerständen abgeschlossen.

Der parallele SCSI-Bus wird zunehmend durch das **SAS** (**S**erial **A**ttached **S**CSI) ersetzt. Die Bus-Topologie des SCSI-Busses wird dabei abgelöst von einer Punkt-zu-Punkt-Verbindung. Es entfallen damit zusätzliche Abschlusswiderstände. Damit lassen sich wesentlich höhere Übertragungsraten realisieren. Zur Zeit (2007) wird eine Übertragungsrate von bis zu 5 GByte/s erreicht. Nachteilig ist, dass nur eine Distanz von ca. 1m überbrückt werden kann.

9.2 RAID-Systeme

Die Abkürzung **RAID** steht für **R**edundant **A**rray of **I**ndependent **D**isks (redundante Anordnung von unabhängigen Festplatten). Mit RAID-Systemen werden die Schreib- und Lesegeschwingkeiten der Festplatten und die Datensicherheit erhöht.

Raid-Systeme sind in den Stufen 0 bis 5 verfügbar. Grundsätzlich werden für ein RAID-System mehrere (mindestens zwei) Festplatten zu einem **Disk-Array** (Anordnung von Festplatten) in Verbindung mit einem **Controller** geschaltet. Die RAID-Stufen können auch kombiniert werden, z. B. gibt es die Variation RAID 0+1 bzw. RAID 10. Hier sind RAID 0 und RAID 1 kombiniert.

RAID 0

Der RAID 0-Controller erhält die zu speichernden Daten blockweise vom angeschlossenen Server (Bild 1). Der Controller verteilt die Blöcke (**Stripes**) auf die zwei vorhandenen Festplatten: der erste Block A wird auf die Festplatte 1, der Block B auf die Festplatte 2 geschrieben. Danach wird die Festplatte 1 mit dem Block C beschrieben usw. Dieses Verfahren wird als **Data-Striping** bezeichnet.

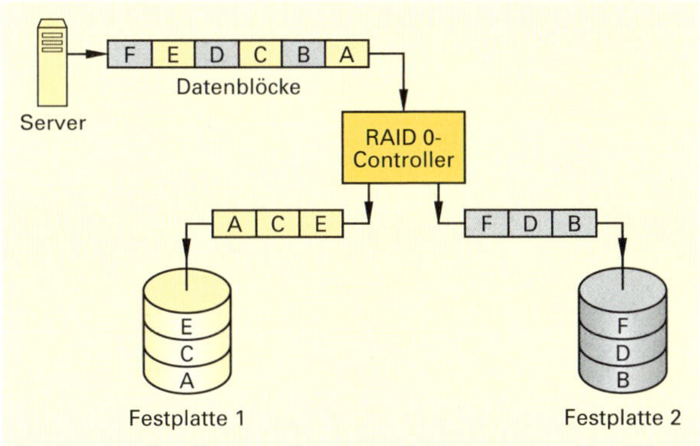

Datenblock: kleinste adressierbare Speichereinheit der verwendeten Festplatte

Bild 1: RAID 0-Prinzip

Die RAID-Stufe 0 erbringt keine Sicherheit gegen Datenverlust bei Ausfall einer Festplatte. Sie erhöht aber die Lese- und Schreibgeschwindigkeit der Daten um 100% gegenüber einer Festplatte, die nicht in einem RAID-System arbeitet. Das parallele Schreiben bzw. Lesen der Daten auf, bzw. von mehreren Platten, verkürzt die Zugriffszeiten beim Schreiben und Lesen.

RAID 1

Der Schutz vor Datenverlust erfolgt hier durch **„Spiegelung“**. Die zu speichernden Daten werden auf zwei oder mehreren voneinander unabhängigen Festplatten geschrieben. Diese Platten stellen ein „Array“ dar. Fällt eine der gespiegelten Platten aus, so stehen die

Daten auf der anderen, bzw. den anderen, Platten weiterhin zur Verfügung. Ein kompletter Datenverlust tritt erst beim Ausfall sämtlicher Plattenlaufwerken auf. Dieses Verfahren wird auch als **Data-Mirroring** (Datenspiegelung) bezeichnet (Bild 1).

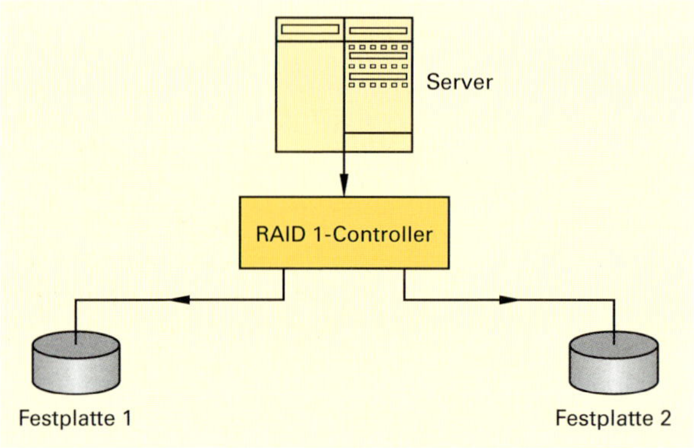

Bild 1: RAID 1-Prinzip

Die zu einem Array geschalteten Festplatten stellen ein logisches Laufwerk mit einer großen Speicherkapazität dar. Das Array erscheint als eine Harddisk. Ein Teil der im Array angeordneten Platten dient der Datensicherung und der andere Teil der Speichererweiterung.

RAID 0+1

Beim RAID 0+1 bzw. RAID 10 wird das Data-Stripping und das Mirroring verwendet. Dadurch wird eine erhöhte Lese- und Schreibgeschwindigkeit mit einer höheren Datensicherheit erreicht. Für den Aufbau werden mindestens vier Festplatten benötigt (Bild 2). Der RAID-Controller verteilt die Datenblöcke (Stripes) nacheinander auf die Festplatten eins und zwei. Die Daten der Festplatte 1 und 2 werden auf die Festplatte 3 und 4 gespiegelt.

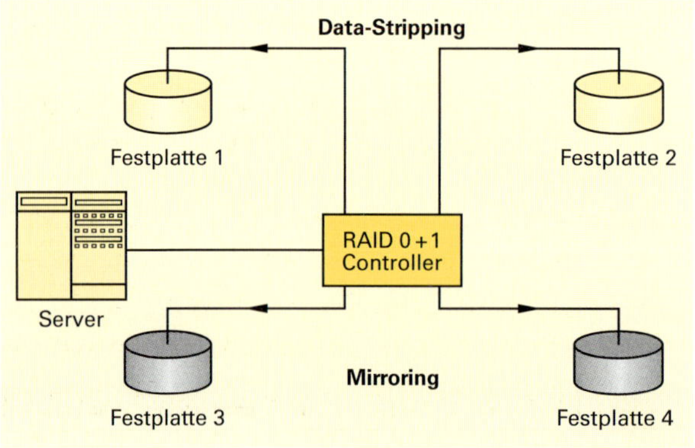

Bild 2: RAID 0+1-Prinzip

Bild 1 zeigt eine Gegenüberstellung der unterschiedlichen RAID-Systeme, die in der Praxis zur Anwendung kommen.

RAID-System	Daten-sicherheit	Schreib-geschwindigkeit	Lese-geschwindigkeit
RAID 0	keine	sehr hoch	hoch
RAID 1	hoch	sehr niedrig	sehr niedrig
RAID 10	sehr hoch	hoch	sehr hoch
RAID 4	hoch	sehr niedrig	hoch
RAID 5	hoch	sehr niedrig	hoch

Bild 1: Gegenüberstellung unterschiedlicher RAID-Systeme

9.3 Network Attached Storage (NAS)

Eine Weiterentwicklung des Prinzips der direkt angeschlossenen Speicher DAS ist das **Network Attached Storage NAS** (Netzwerk mit beigefügtem Speicher), ein über ein Netzwerk angeschlossener Speicher. Hier stellen die Speicher eigenständige Einheiten dar. Sie sind im NAS-Server angeordnet und sind unabhängig von File-Servern. Das Bild 2 zeigt den Zusammenhang zwischen NAS-Server und den Clients. Die Clients haben über das LAN-Netzwerk, in der Praxis wird hier Ethernet verwendet, Zugriff auf den NAS-Server (das NAS-System). Der NAS-Server steuert den Zugriff auf die Speicher, d. h. er vergibt die Zugriffsrechte an die Clients. Die Zugriffsrechte werden daneben aber auch außerhalb des NAS-Servers festgelegt. Hier wird der Unterschied zum DAS-System deutlich: Speicher, Server und Clients sind nicht mehr über einen SCSI-Bus, sondern über ein lokales Netzwerk verbunden. Der Nachteil des SCSI-Busses, nur maximal 15 Geräte zu verbinden, ist im NAS-System aufgehoben. Nachteilig ist eine möglich Überlastung des Netzes. Sie kann dann auftreten, wenn zwischen den Clients und dem NAS-System große Datenmengen transportiert werden.

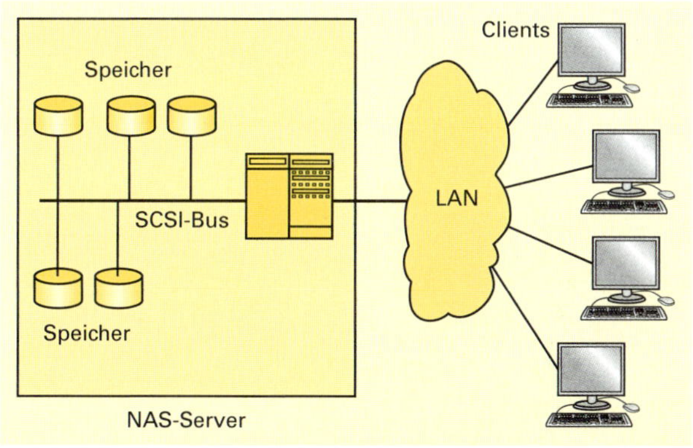

Bild 2: Aufbau eines Network Attached Storage NAS

9.4 Storage Area Network (SAN)

Fallen in einem lokalen Netzwerk große Datenmengen an, die gespeichert, bearbeitet, gesichert und archiviert werden müssen und die zudem jederzeit schnell abrufbar sein sollen, sind die beschriebenen Speichermöglichkeiten nicht mehr geeignet. Es wird zum vorhandenen lokalen Netzwerk LAN zusätzlich ein zweites Netzwerk aufgebaut, das **Storage Area Network SAN** (Speichernetzwerk). Entstanden sind diese Speichernetzwerke durch den Ersatz der SCSI-Busse des NAS-Systems und durch ein neues Netzwerk, das **Speichernetzwerk**.

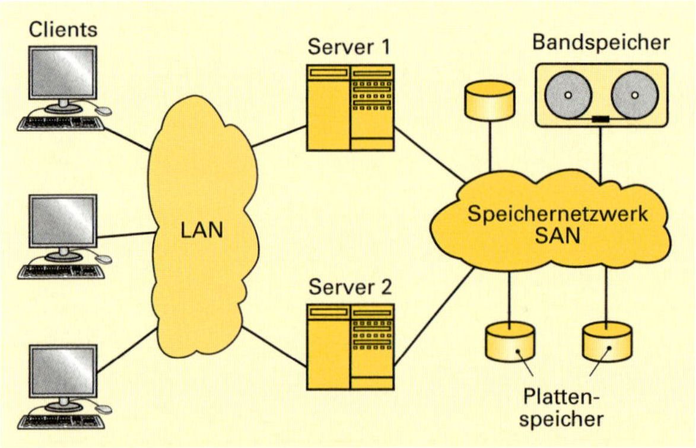

Bild 1: Aufbau eines Storage Area Network SAN

9.4.1 Fibre Channel

Der **Fibre Channel** ist ein Standard für die Speichernetzwerke. Das am häufigsten eingesetzte Übertragungsmedium für diese Speichernetzwerke ist das LWL–Kabel. Aus dieser Tatsache leitet sich die Bezeichnung Fibre (Faser) ab. Neben den LWL–Kabeln werden auch Kupferkabel verwendet. Bei der Verwendung von Monomode-LWL–Kabeln lassen sich bei einer Übertragungsgeschwindigkeit von 1 Gbyte/s Entfernungen bis zu 10 km überbrücken. Werden 2 GByte/s übertragen, verkürzt sich die Übertragungsstrecke auf 2 km. Kupferkabel überbrücken bei einer Übertragungsgeschwindigkeit von 1 GByte/s eine Distanz von 30 m. Bei der Übertragung von 2 GByte/s beträgt die Übertragungsstrecke ca. 15 m. Sind die Speichernetzwerke über LWL–Kabel angeschlossen, so können die Datenspeicher- und Datensicherungseinrichtungen wegen der großen Reichweite weiträumig verteilt sein.

9.4.2 Speichernetzwerk-Topologien

Die Geräte im Fibre Channel werden als Knoten (nodes) bezeichnet. Jeder Knoten hat mindestens einen Port, um damit eine Verbindung zu dem Port eines anderen Knotens herzustellen. Die Bezeichnung der Ports erfolgt mit einem Buchstaben und einem Unterstrich, z. B.: N_Port. Es handelt sich hier um einen **Node-Port**. Mit dem N_Port lässt sich u. a. eine Verbindung zu einem anderen N_Port herstellen. Werden zwei oder mehr Ports zusammengeschaltet, liegt eine Topologie vor. Die Verbindung der Ports erfolgt über zwei LWL–Fasern d. h. es können über die eine Leitung Daten empfangen und über die andere Leitung Daten gesendet werden. Die zwei LWL–Fasern stellen die Verbindung (link) her. Für den Aufbau von Speichernetzwerken in der Fibre-Channel-Technologie kommen die folgenden drei Topologien zur Anwendung (Bild 1):

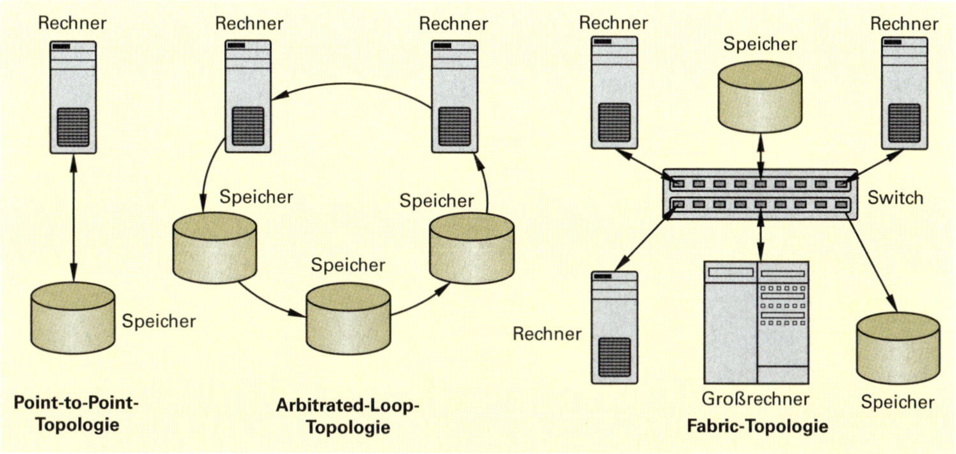

Bild 1: Speichernetzwerk-Topologien

Point-to-Point-Topologie

Mit der Point-to-Point-Topologie werden in einem Speichernetzwerk der Port eines Servers mit dem Port eines Speichergerätes verbunden. Diese Topologie ist nicht um weitere Ports erweiterbar.

Arbitrated-Loop-Topologie

Bei der Arbitrated-Loop-Topologie sind die Ports der Geräte des Speichernetzwerkes wie beim Token-Ring ringförmig miteinander verbunden. Es kann immer nur ein Rechner oder ein Speicher Daten an einen anderen Rechner oder Speicher senden, wobei die Datenübertragung nur in eine Richtung möglich ist. Der Datenaustausch wird allerdings nicht nach dem Token-Passing-Verfahren geregelt. Eine Zugriffslogik, die **Arbitration** (Schlichtungsverfahren) sorgt für einen störungsfreien Datenaustausch. Möchte eine Station Daten übermitteln, so sendet sie einen **Arbitierungsrahmen** über den Ring. Sie kündigt damit an, dass sie darüber „verhandeln" will, wer den Ring (Loop) benutzen darf. Erreicht der Rahmen unverändert wieder die sendewillige Station, hat sie uneingeschränkten Zugriff auf den Ring und beginnt zu senden. Wollen allerdings mehrere Stationen ebenfalls senden, so kommt es zu einer **„access-fairness"** (Zugriffsgerechtigkeit). Es werden die vorher festgelegten Prioritäten der sendewilligen Stationen verglichen und entschieden, welche Station den Zugriff auf den Ring bekommt. Ist die Datenübertragung beendet, erhält die Station mit der nächsthöheren Priorität den Zugriff auf den Ring. Dieser Vorgang wiederholt sich so oft, bis alle Stationen ihre Übertragung beendet haben. In diese Topologie können bis zu 127 Geräte eingebunden werden. Grund dafür ist, dass zur Adressierung der Geräte nur sieben Bit benutzt werden.

Fabric-Topologie

Im Fabric (Gefüge) sind die Ports der Knoten an einen **Switch** oder an mehrere Switche geschaltet. Die Switche sind dann miteinander verbunden. Bei dieser Topologie können mit dem Switch sämtliche Knoten miteinander verbunden werden und diese damit auch aufeinander zugreifen. Es sind somit **Peer-to-Peer-Verbindungen** und **Point-to-Point-Verbindungen** möglich. Die Adressen der angeschlossenen Knoten werden mit einer Wortlänge von 24 Bits angegeben. Das bedeutet, dass theoretisch 2^{24} Knoten, also knapp 16 Millionen Knoten adressiert werden können. Begrenzt wird diese Anzahl von den vorhandenen Ports der Switche, die mit 8 bis zu 128 Ports ausgerüstet sind.

Speichervirtualisierung

Die vorhandenen Festplatten im Speichernetzwerk stellen für das dazu gehörige lokale Netzwerk eine einzige Festplatte mit einer großen Speicherkapazität dar. Die physikalischen, d. h. die vorhandenen Festplatten im Speichernetzwerk werden durch die **Speichervirtualisierung** zu einer virtuellen Festplatte. Diese virtuelle Festplatte wird in Partitionen aufgeteilt, welche den im lokalen Netzwerk angeschlossenen Servern zugeteilt werden. Für die Server stellen sich diese Partitionen als eigene Festplatten dar. Die Speicherkapazität kann jederzeit problemlos, auch im Betriebszu-stand, den aktuellen Anforderungen angepasst werden.

Aufgaben

1	Erklären Sie den Aufbau und die Wirkungsweise der folgenden Speicherprinzipien: Direkt Attached Storage, Network Attached Storage, Storage Area Network.
2	Beschreiben Sie die Wirkungsweise der RAID-Stufen 0 und 1.
3	Erläutern Sie das Data-Stripping-Verfahren?
4	Welche Bedeutung hat die Bezeichnung N_Port?
5	Nennen und erklären Sie die Topologien, die in der Fibre-Channel-Technologie zur Anwendung kommen.
6	Erklären Sie die Speichervirtualsierung.

10 STRUKTURIERTE GEBÄUDEVERKABELUNG

Früher wurde für jedes lokale Netzwerk LAN eine hersteller- und bedarfsspezifische Verkabelung vorgenommen. Dies galt gleichermaßen für „Ethernet", „Token Ring" oder „Telefon-Netze". Immer kamen unterschiedliche Übertragungsmedien und Steckverbindungen zum Einsatz, die zueinander nicht kompatibel waren. Heute kommt die **strukturierte Gebäudeverkabelung** zur Anwendung. Sie erfüllt die Anforderungen, die an modernen Netzwerkverkabelungen gestellt werden.

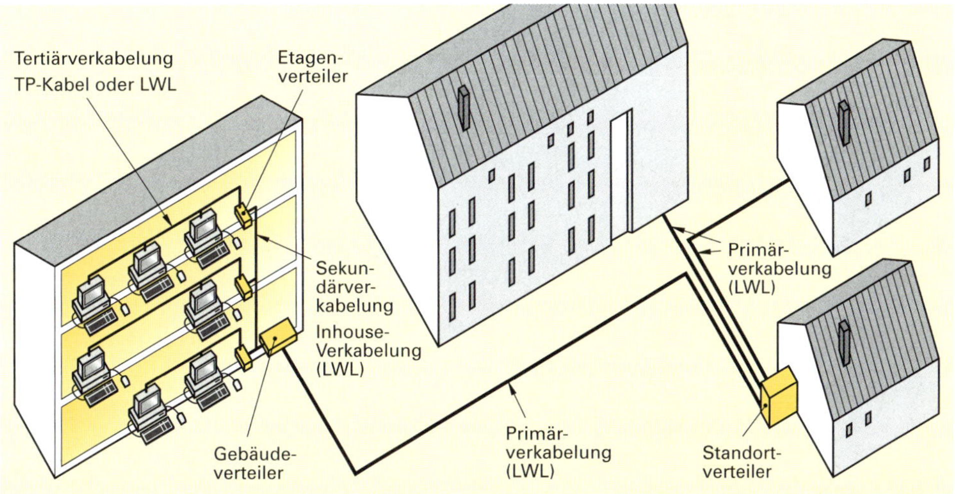

Bild 1: Prinzip der strukturierten Gebäuderverkabelung

Die strukturierte Verkabelung ist:

- herstellerunabhängig, offen für unterschiedliche LAN-Topologien
- wartungsarm und zuverlässig
- unempfindlich gegen äußere Störeinflüsse.

Daneben sollen bestehende Installationen und vorhandene Netzwerk-Komponenten mit in diese Verkabelung eingebunden werden. In der europäischen Norm **EN 50173** wird festgelegt, wie eine strukturierte Verkabelung durchzuführen ist. Die Verkabelung erfolgt dabei immer nach einem festgelegten Schema. Nur so ist es möglich, dass unterschiedliche Protokolle und Netzwerk-Topologien an der gleichen Netzwerk-Struktur zum Einsatz kommen können. Die auch für Deutschland geltende Norm EN 50173 beinhaltet die Anforderungen und Bedingungen für die Errichtung von Netzwerken, wie die

- Struktur der Verkabelung,
- Festlegung der Übertragungsmedien,
- Leistungsanforderungen an das Netzwerk und deren Komponenten,

- Messverfahren zur Überprüfung der Funktion des Netzes,
- Sicherheitsanforderungen, wie z.B. Brandschutzbestimmungen für Kabel,
- EMV-Anforderungen (EMV: elektromagnetische Verträglichkeit).

Die strukturierte Verkabelung baut auf einer sternförmigen Topologie mit einer hierarchischen Struktur auf.

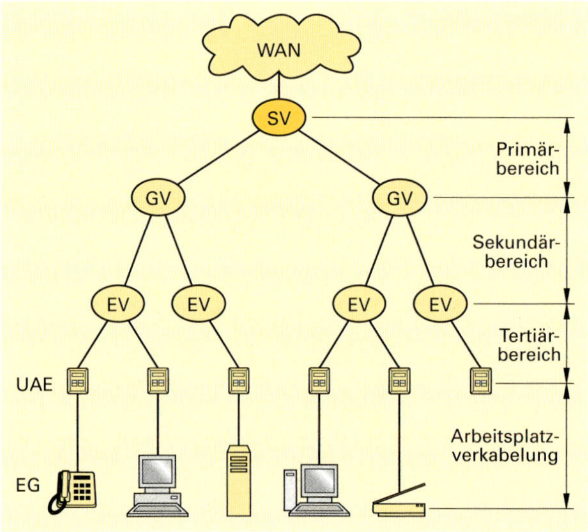

SV: Standort-Verteiler

GV: Gebäude-Verteiler

EV: Etagen-Verteiler

UAE: Universal-Anschluss-Einheit (RJ45, 8-polig)

EG: Endgerät

Bild 1: Verkabelungshierarchie

Das Bild zeigt die Verkabelungshierarchie, wie sie auch im Bild 1 (Seite 69) zu erkennen ist.

Die Norm EN 50173 für die strukturierte Verkabelung unterscheidet zwischen **Primärbereich, Sekundärbereich** und **Tertiärbereich.**

10.1 Primärbereich

Der **Primärbereich** (Bild 1) umfasst die **Geländeverkabelung**, die auch mit **Primärverkabelung** oder **Standortverkabelung** bezeichnet sind. Mehrere Gebäude, z. B. auf einem Fabrikgelände, werden hier miteinander verkabelt. Von einem **Standort-Verteiler SV** (oder Gelände-Verteiler) aus erfolgen die Verbindungen zu den verschiedenen **Gebäude-Verteilern GV**. Der Standort-Verteiler ist der Knotenpunkt zwischen dem Primärbereich und dem Sekundärbereich. Für die Standortverkabelung werden Multimode-Lichtwellenleiter mit Gradientenprofil oder Monomode-Lichtwellenleiter verwendet. Die maximale Leitungslänge beträgt 1500 m. Die Verkabelung erfolgt in der Ring- oder Stern-Topologie (siehe Kapitel 2). Bei der Verwendung der Stern-Topologie wird der Knotenrechner durch einen Switch ersetzt, wenn der Knotenrechner nicht über die notwendige Anzahl von Anschlüssen verfügt. Nachteilig ist die Störanfälligkeit der Stern-Topologie. Fällt der Knotenrechner bzw. der Switch aus, ist das gesamte Netz nicht mehr funktionsfähig. Dieser Nachteil wird durch die Kombination von Stern-Topologie und Ring-Topologie aufgehoben.

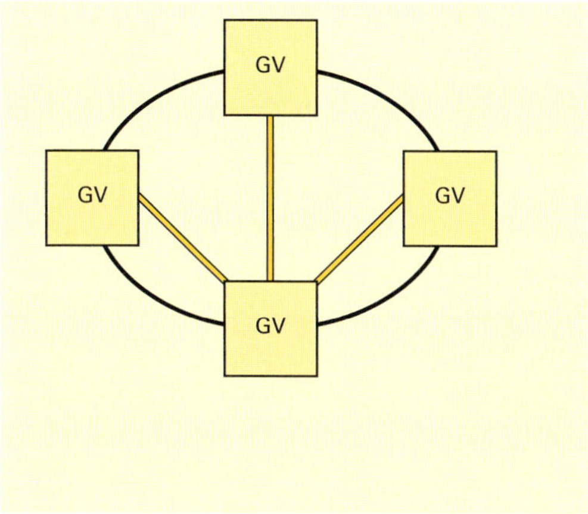

SV: Standort-Verteiler

GV: Gebäude-Verteiler

Verbindungskabel der Ring-Topologie

Verbindungskabel der Stern-Topologie

GV: Gebäudeverteiler

Bild 1: Topologie der Standort-verkabelung

Der Standort-Verteiler SV enthält **LWL-Spleißboxen**. Sie nehmen die **Spleißkassetten** auf, die die gespleißsten Verbindungsstellen vor mechanischen Belastungen schützen.

Anforderungen an die Geländeverkabelung
An die Gelände-Verkabelung werden folgende Anforderungen gestellt:

- Ausfallsicherheit, diese erfordert eine redundante Auslegung der Verkabelungsstrecken,
- Hohe Übertragungsgeschwindigkeit (hohe Bitrate) auf dem Netz,
- Blitzschutz,
- servicegerechte Installation,
- Abhörsicherheit.

10.2 Sekundärbereich

Zum **Sekundärbereich** gehört die Verkabelung zwischen den Etagen eines Gebäudes. Der Bereich wird deshalb auch **Steigleitungsbereich** oder vertikaler Verkabelungsbereich genannt. Die zugehörige Verkabelung ist die **Gebäudeverkabelung** oder die „Inhouse-Verkabelung". Sie erstreckt sich vom **Gebäude-Verteiler GV** bis zum **Etagen-Verteiler EV**. Die Inhouse-Verkabelung wird in der Stern-Topologie oder Baum-Topologie oder in Mischformen aus beiden aufgebaut.

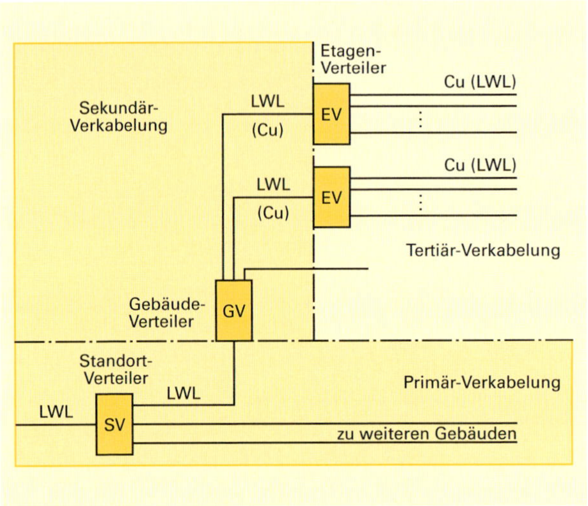

EV: Etagen-Verteiler

GV: Gebäude-Verteiler GV

SV: Standort-Verteiler

Bild 1: Verkabelung des Primär- und Sekundärbereiches

Der Gebäude-Verteiler GV stellt den Übergabepunkt der Geländeverkabelung zur Gebäudeverkabelung dar. Er enthält **Rangier-** oder **Patchfelder**. Die Rangier- und Patchfelder enthalten die Auflagepunkte der Gebäudeverkabelung. Sie haben durchnummerierte Buchsen (Ports), die über Patchkabel mit anderen Rangierfeldern, dem Netzwerkrechner oder mit fest installierten Daten- oder Anschlussdosen verbunden sind.

Mit **Patchkabeln**, kurze konfektionierte Lichtwellenleiter LWL oder Kupferkabel mit beidseitig angeschlossenen Steckern, wird rangiert, d. h. die erforderlichen Verbindungen werden mit den Patchkabeln gesteckt.

Die Patchfelder sind passive Komponenten. Sie stellen lediglich Ports zur Verfügung. Zunehmend werden passive Patchfelder durch aktive Patchfelder ersetzt. Die Vermittlung wird in diesem Fall von Switches und Routern übernommen.

Der Abstand zwischen einem Gebäude-Verteiler GV und seinen Etagen-Verteilern EV darf 500 m nicht überschreiten. Als Übertragungsmedien kommen auch hier, wie bei der Geländeverkabelung, Multimode Lichtwellenleiter mit Gradientenprofil zur Anwendung.

Anforderungen an die Gebäudeverkabelung

An die Gebäudeverkabelung werden u. a. folgende Anforderungen gestellt:

- Potenzialtrennung zwischen den Etagenerdungen,
- Ausfallsicherheit,
- hohe Übertragungsgeschwindigkeit (hohe Bitrate),
- Einstreusicherheit.

10.3 Tertiärbereich

Von den Etagen-Verteilern EV aus erfolgt die Vernetzung des **Tertiärbereiches**. Die dazu notwendige Verkabelung wird **Etagen-** oder **Horizontalverkabelung** genannt. Der Bereich der Etagenverkabelung erstreckt sich zwischen dem Etagen-Verteiler EV und der Anschlussdose am Arbeitsplatz. Dieser Anschluss besteht aus einer **UAE-Dose** (UAE: Universal-Anschluss-Einheit). Sie ist der Endpunkt der strukturierten Verkabelung. Das Übertragungsmedium ist in diesem Bereich überwiegend das Twisted-Pair-Kabel. Die Ausdehnung der Verkabelung in diesem Bereich ist auf 90 m beschränkt, um Störungen und zu große Signaldämpfungen auszuschließen. Die Topologie ist sternförmig. Vom Etagen-Verteiler EV aus wird zu jeder Anschlussdose UAE ein separates Kabel gelegt. Dies hat den Vorteil, dass bei der Störung eines Anschlusses nur das angeschlossene Endgerät nicht betriebsbereit ist.

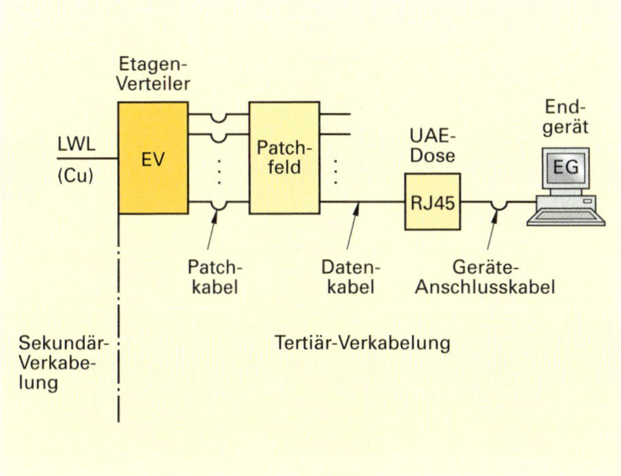

UAE: Universal-Anschluss-Einheit (RJ45, 8-polig)

Bild 1: Verkabelung des Tertiärbereichs

Bei dem **Link** (Verbindung) zwischen Etagen-Verteiler EV (Patch-Feld) und Anschlussdose UAE wird zwischen **Permanent-Link** und **Channel-Link** unterschieden. Der Permanent-Link ist die fest installierte Übertragungsstrecke zwischen Etagen-Verteiler (Patch-Feld) und Anschlussdose UAE. Dagegen stellt der Channel-Link die gesamte Übertragungsstrecke zwischen Patchfeld und Endgerät dar (Bild 2).

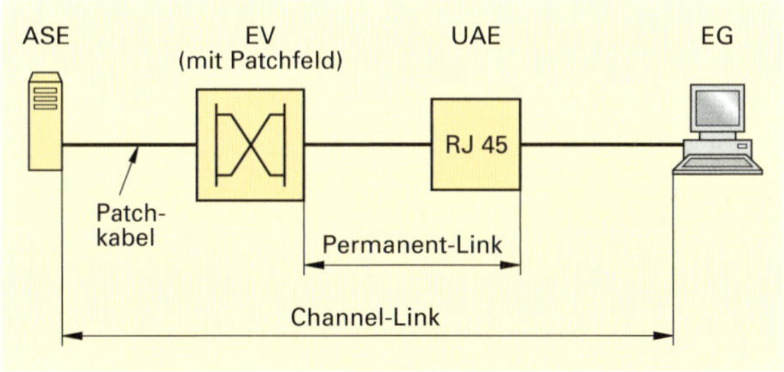

ASE: Anwenderspezifische Einrichtung (z. B. Router oder Switch)

EV: Etagen-Verteiler

EG: Endgerät

Bild 2: Permanent-Link und Channel-Link

Anforderungen an die Etagenverkabelung
An die Etagenverkabelung werden u. a. folgende Anforderungen gestellt:

- Verwendung universeller Dosen- und Steckertechnik,
- Patchmöglichkeiten, um den Arbeitsplatz örtlich verändern zu können,
- mindestens zwei Anschlussdosen UAE pro Arbeitsplatz.

10.4 Arbeitsplatzverkabelung

Die Verbindung zwischen den Anschlussdosen UAE und dem Endgerät ist die **Arbeitsplatzverkabelung**. Sie ist nicht fest installiert, sondern wird erst bei Bedarf gesteckt. Da sie nicht Teil der Norm EN 50137 ist, kann sie frei gestaltet werden. Als Übertragungsmedium wird für den Anschluss flexibles Twisted-Pair-Kabel verwendet.

Mit **„Fiber to the Office"** FTTO und **„Fiber to the Desk"** FTTD ersetzen die LWL-Kabel im Inhouse-Bereich immer mehr die Twisted-Pair-Kabel.

Bei der FTTO-Technik wird das LWL-Kabel bis zum „Büro" geführt. Am Arbeitsplatz erfolgt mit einem **Medienkonverter** die Umsetzung vom Medium „Glas" in das Medium „Kupfer".

Bei der FTTD-Technik wird das LWL-Kabel bis zum Arbeitsplatz verlegt. Die Endgeräte besitzen Netzwerkkarten mit einem „optischem Anschluss" und einem Medienumsetzer.

Aufgaben

1	Welche Bedeutung hat die Anwenderneutrale Gebäudeverkabelung nach der DIN 50173?
2	Erläutern Sie Anforderungen, die an die Verkabelungen im Primär-, Sekundär- und Tertiärbereich gestellt werden.
3	Welche Funktionen haben Standort-Verteiler, Gebäude-Verteiler und Etagen-Verteiler?
4	Unterscheiden Sie zwischen dem Permanent-Link und Channel-Link.
5	Welche Bedeutung haben die Begriffe „Fiber to the Office" und „Fiber to the Desk"?

11 ELEKTRISCHE ENERGIEVERSORGUNG FÜR LOKALE NETZWERKE

Ohne elektrische Energieversorgung ist der Betrieb und die Nutzung der lokalen Netzwerke nicht möglich. Kraftwerke stellen die benötigte elektrische Energie in Form der elektrischen Wechselspannung zur Verfügung. Die aktiven Netzwerkkomponenten wie Rechner und Netzwerkgeräte (siehe Kapitel 7) sind an das Niederspannungsnetz geschaltet. Die elektrische Spannung hat im Niederspannungsnetz einen Wert von 230 V.

11.1 EMV-Probleme

Eng mit der Energieversorgung ist das Problem der **EMV** (**e**lektro-**m**agnetische **V**erträglichkeit) verbunden. Die EMV befasst sich mit dem Abstrahlen von hochfrequenten elektromagnetischen Schwingungen. Diese machen sich in Form von **Funkstörspannungen** und **Funkstörfeldstärken** bemerkbar. Sie beeinflussen die Komponenten eines Netzwerkes, was zur Beeinträchtigung der Funktion, zum Ausfall oder zur Zerstörung der betroffenen Geräte bzw. Systemen führen kann. Die Vorschriftenteile **DIN VDE 0878** enthalten EMV-Hinweise für informationstechnische Einrichtungen und zeigen Möglichkeiten zur Überprüfung von Datennetzen auf.

Alle Komponenten eines Netzes, einschließlich der Anschlusskabel, müssen die Grenzwerte für Funkstörspannungen und Funkstörfeldstärken einhalten. Passive Komponenten, wie Übertragungsmedien aus Kupfer, haben unter Betriebsbedingungen in Verbindung mit aktiven Komponenten in einem Netzwerk einen entscheidenden Anteil an den EMV-Problemen.

11.2 Leitungsführung für die Energieversorgung

Das Prinzip der Leitungsführung der Energieversorgung im Niederspannungsnetz zeigt das Bild 1. Die Leiter **L1**, **L2** und **L3** führen gegeneinander jeweils die Spannung von 400 V, gegen den gemeinsamen Leiter **PEN** (Schutzleiter mit Neutralleiterfunktion) die Spannung von 230 V. Der PEN-Leiter ist leitend mit dem Erdreich verbunden; er ist geerdet. Der Erdungspunkt ist für die Spannungsversorgung das Nullpotenzial. Die elektrischen Spannungswerte sind in bezug auf dieses Potenzial festgelegt.

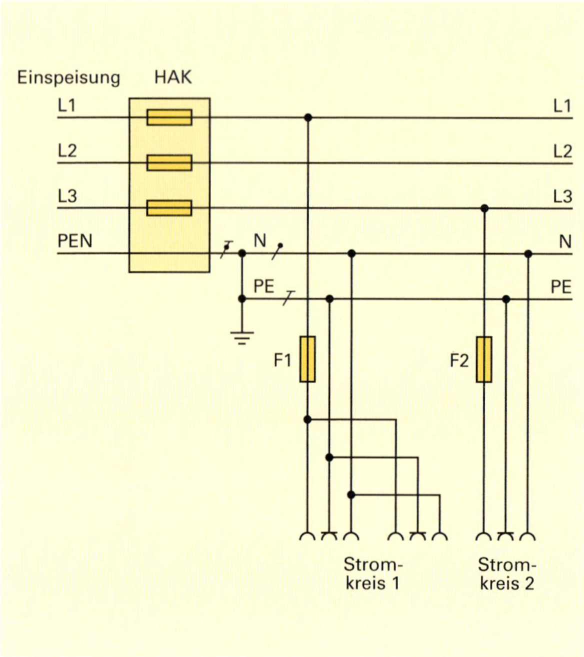

L1, L2, L3: Leiter

HAK: Hauptanschlusskasten mit Hauptsicherungen

F1, F2: Sicherungen

N-Leiter

PE-Leiter

PEN-Leiter

Bild 1: TN-S-Netz

Hinter dem Hausanschlusskasten HAK wird der PEN-Leiter aufgeteilt in einen **N-Leiter** (N: Neutral) und einen **PE-Leiter** (PE: Protection Earth, Schutzerde). Es liegt ein **TN-S Netz** vor (T: Terra, Erdung der Anlage, N: Neutral, das angeschlossene Betriebsmittel ist mit der Erde verbunden, S: Separat, separater N- und PE-Leiter). Der N-Leiter ist der Rückleiter für die Betriebsströme der an das Netz geschalteten Betriebsmittel. Der Schutzleiter ist im fehlerfreien Zustand der elektrischen Anlage stromlos.

Wird ein Gebäude strukturiert verkabelt, so fordert die DIN EN 50310, die elektrische Energieversorgung über ein TN-S-Netz.

11.3 Schutzmaßnahmen

Der Schutzleiter PE verhindert im Fehlerfall das Entstehen von Berührungsspannungen (Bild 1, nächste Seite) an elektrischen Betriebsmitteln. Dazu ist der Schutzleiter PE mit dem Schutzleiterkontakt des Betriebsmittels verbunden, wenn dieses der Schutzklasse 1 zugeordnet ist. Die Geräte der Schutzklasse 1 haben ein Metallgehäuse, das bei einem Isolationsfehler unter Spannung stehen kann.

Liegt in einem Fehlerfall, z. B.: infolge einer schadhaften Isolierung, die Versorgungsspannung am Gehäuse (Körperschluss), so fließt über die Sicherung F1 (Überstromschutzeinrichtung) eine hohe Stromstärke, die die Sicherung unterbricht. Das Gehäuse ist damit spannungsfrei.

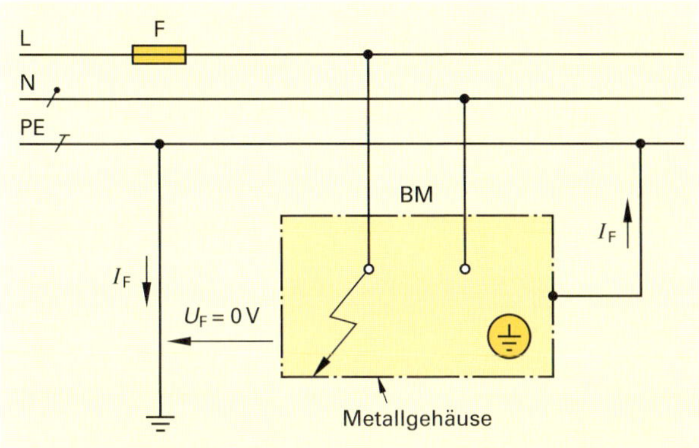

BM: Elektrisches Betriebsmittel mit Metallgehäuse

UF: Fehlerspannung

IF: Fehlerstrom

 Körperschluss

 Schutzerdung

Bild 1: Schutzmaßnahme mit dem Schutzleiter

11.4 Erdung

Die Erdung sorgt dafür, dass die Betriebsmittel, Anlagen und Systeme in Netzwerken, spannungsfrei sind (VDE 0100). Es besteht dann kein Potenzialunterschied zur Erde. Der Berührungsschutz für Personen ist damit hergestellt. Die Schirmungen der Betriebsmittel und der Übertragungsmedien, wie z. B. STP-Kabel, sind ebenfalls geerdet. Sie haben ein eindeutiges Bezugspotenzial. Bei der Erdung wird zwischen **Schutzerdung**, sie dient dem Schutz von Personen (Bild 1) und **Systemerdung** unterschieden. Die beiden Erdungen müssen getrennt geführt werden und einen gemeinsamen Erdungspunkt haben.

11.5 Systemerdung (Maschenerdung)

Die **Systemerdung** erfolgt durch eine **Maschenerdung** (Bild 1, Seite 78). Die Maschenerdung muss an möglichst vielen Stellen Erdungspunkte aufweisen. Wichtig ist bei dieser Erdungsart, dass alle metallischen Gebäudearmierungen mit in die Erdung einbezogen werden.

Ist das aus räumlichen oder technischen Gründen nicht möglich, so kann mittels einer Zellenbildung eine **lokale Maschenerdung** nachgebildet werden. Dies kann z. B. mit parallel verlegten Erdleitern unter Einbeziehung von Kabelkanälen aus Metall geschehen, um die Maschengröße zu verringern. Mit der Verringerung der Maschengröße wird der Widerstand der Maschenerdung geringer. Die Störspannungen werden wirkungsvoll über den Erdungspunkt gegen Erde kurzgeschlossen. Damit liegt an den angeschlossenen Schirmen die Spannung von 0 V.

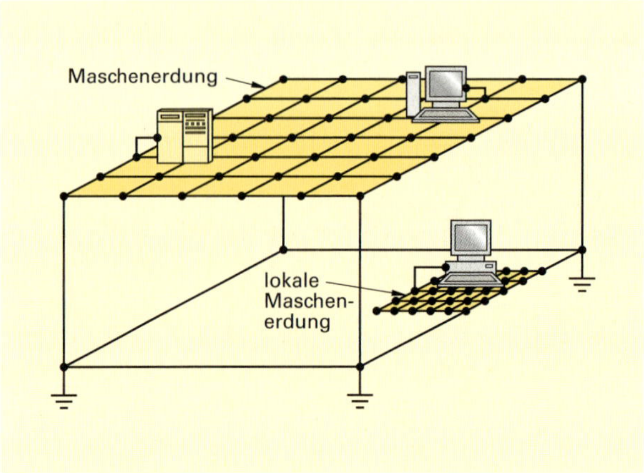

Bild 1: Maschenerdung

Für die strukturierte Gebäudeverkabelung (siehe Kapitel 10) wird ein durchgängig geschirmter Aufbau vorgenommen. Es sind deshalb nur STP-Kabel erlaubt. Der Schirm des verwendeten Kabels muss am Anfang des Kabels, z. B. im Etagenverteiler und am Ende in der UAE-Dose (Universal-Anschluss-Einheit) großflächig aufgelegt werden. Damit wird ein geringer Übergangswiderstand erreicht. Einseitig aufgelegte Schirme wirken bei Frequenzen größer als 30 MHz als Antenne.

Die nachfolgenden wichtige Hinweise müssen bei der Installation beachtet werden:

- Die Verteilereinrichtung und die UAE-Dose müssen über möglichst kurze Leitungen mit der Maschenerdung verbunden sein.
- Für die Übertragungsmedien sollen nur geschirmte und hoch symetrische Leitungen verwendet werden.
- Die Symmetrie der Leitungen muss bei dem Anschluss an Steckverbindungen erhalten bleiben. Das unsachgemäße Auflösen der Verdrillung bietet Gefahr der Einkopplung von Störungen.
- Energie- und Datenkabel müssen räumlich getrennt verlegt werden. In einem Metall kabelkanal mit einem Trennsteg muss der Mindestabstand 10 cm betragen.

Aufgaben

1	Wodurch ist ein TN-S-Netz gekennzeichnet.
2	Erklären Sie die Wirkungseise der Schutzmaßnahme mit dem Schutzleiter.
3	Erklären Sie den Unterschied zwischen der Schutzerdung und der Systemerdung.
4	Erklären Sie das Prinzip der Maschenerdung.

12 UNTERBRECHUNGSFREIE STROMVERSORGUNG USV

Eine unterbrechungsfreie Stromversorgung **USV** sorgt bei einem Ausfall der örtlichen Stromversorgung für die Aufrechterhaltung der Netzspannung. Dazu wird die unterbrechungsfreie Stromversorgung **USV** zwischen Energieversorgungsnetz (230 V, 50 Hz) und Verbraucher (z. B. Rechner, Rechnernetze) geschaltet. So ist gewährleistet, dass es beim Ausfall der Energieversorgung nicht zu Datenverlusten kommt. Je nach Aufbau der USV-Geräte werden Netzstörungen wie z. B. Unterspannung, Überspannung und Frequenzänderungen ausgeglichen. Die zehn häufigsten Netzstörungen sind in Bild 1 aufgelistet. USV-Geräte sind in drei **USV-Schutzklassen** eingeteilt.

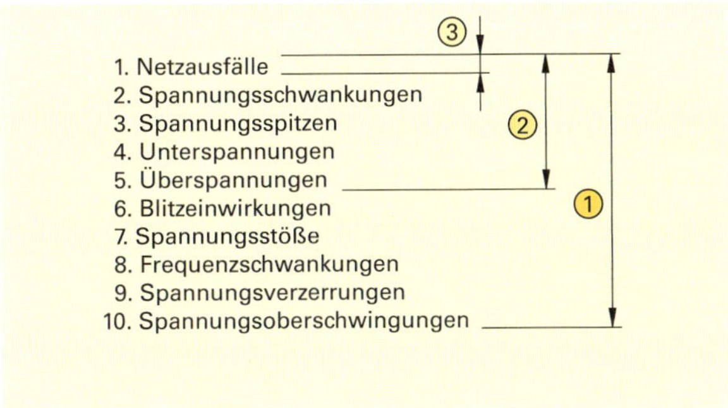

Bild 1: Katalog der Netzstörungen

12.1 USV-Schutzklasse 1

Die Schutzklasse 1 ist die höchste Schutzklasse. Die Ausgangsspannung einer USV der Schutzklasse 1 ist von der Spannung und der Frequenz des Stromnetzes unabhängig und gegen die aufgelisteten Netzstörungen gesichert. Die Bezeichnung dieser Schutzklasse gibt dieses an: **VFI** (**V**oltage and **F**requency **I**ndependent: unabhängig von Spannung und Frequenz). Geräte dieser Schutzklasse werden auch mit **Online-USV** bezeichnet (Bild 2).

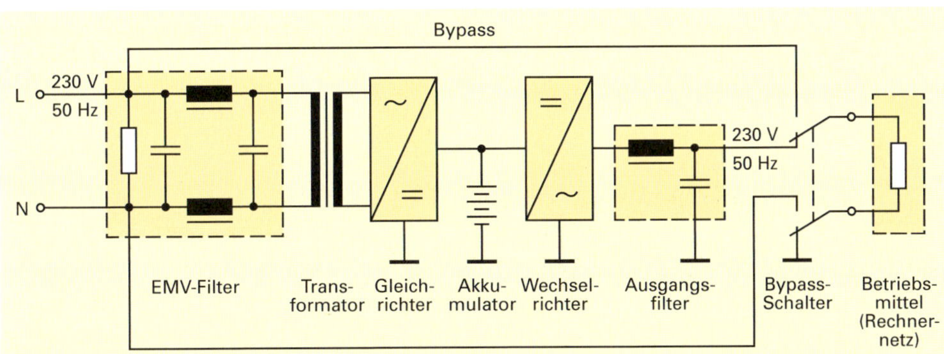

Bild 2: Unterbrechungsfreie Stromversorgung der Schutzklasse 1 (VFI-USV)

Das Bild zeigt den prinzipiellen Aufbau einer USV im VFI-Betrieb. Die Netzwechselspannung am Eingang wird über ein **EMV-Filter** (EMV: elektromagnetische Verträglichkeit) und einen Transformator an den **Gleichrichter** geführt. Das EMV-Filter soll verhindern, dass elektromagnetische Störungen von der Stromversorgung USV zurück in das Netz gelangen. DerTransformator sorgt für eine galvanischeTrennung der USV vom Netz. und für die Bereitstellung der Betriebsspannung. Der Gleichrichter wandelt die vom Transformator gelieferte Wechselspannung in eine Gleichspannung um, die die Ladung des Akkumulators aufrecht hält. Die Akkumulatorspannung versorgt den nachfolgenden **Wechselrichter**. Der Wechselrichter setzt die Gleichspannung des Akkumulators um in eine sinusförmigen Wechselspannung von 230 V mit der Frequenz f = 50 Hz. Über ein Ausgangsfilter, das für eine reine sinusförmige Spannung sorgt, werden die angeschalteten Betriebsmittel mit ihrer Betriebsspannung 230V versorgt. Die Ausgangsspannung und ihre Frequenz sind unabhängig vom Netz. Netzstörungen haben keinen Einfluss auf die Versorgungsspannung der angeschlossenen Betriebsmittel. Fällt die Netzspannung aus, so werden die angeschlossenen Betriebsmittel unterbrechungsfrei über den Akkumulator und den Wechselrichter weiter mit ihrer Betriebsspannung versorgt.

Damit die angeschlossenen Geräte auch von der USV unabhängig sind, hat die USV einen **Bypass**. Im Falle eines Defekts der USV wird sie mit dem **Bypass-Schalter** überbrückt und die Betriebsmittel werden direkt mit der Netzspannung 230V versorgt.

Die USV der Schutzklasse 1 wird bei wichtigen Anwendungen in der Umgebung eines sehr störanfälligen Versorgungsnetzes eingesetzt. Hochsensible Netzwerkserver und Datenkommunikationssysteme werden ebenfalls mit unterbrechnungsfreien Stromversorgungen der Schutzklasse 1 vor Datenverlusten geschützt.

12.2 USV-Schutzklasse 2

Die Ausgangsspannung einer USV der Schutzklasse 2 ist vor den Netzstörungen eins bis fünf geschützt (Bild 1, Seite 79). Ein Schutz vor Schwankungen der Netzfrequenz ist hier nicht möglich. Diese USV arbeitet im **VI-Betrieb** (VI: Voltage Independent, spannungsunabhängig). Diese USV wird auch mit **Line Interactive-USV** (Netzinteraktive-USV) bezeichnet.

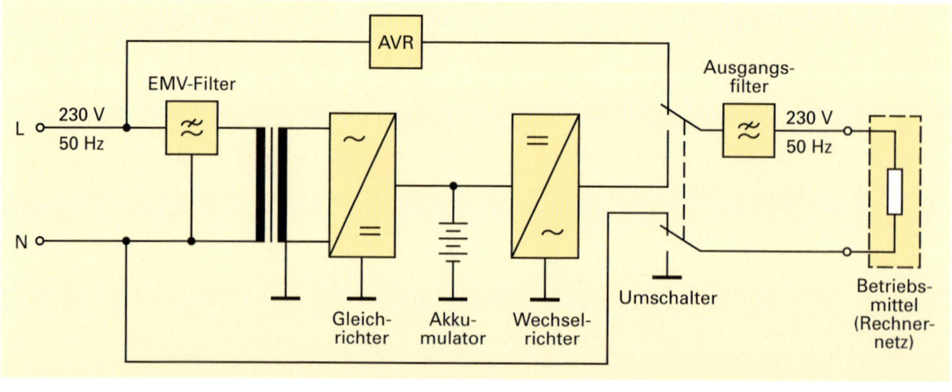

Bild 1: Unterbrechungsfreie Stromversorgung der Schutzklasse 2 (VI-USV)

Bild 1, Seite 80, zeigt das Prinzipschaltbild der VI-USV. Im Normalbetrieb ist die Netzwechselspannung störungsfrei. Sie gelangt über einen automatischen Spannungsregelkreis **AVR** (**A**utomatic **V**oltage **R**egulator), einen Umschalter und einen Ausgangsfilter (siehe Kapitel 12.1) an das angeschlossene Betriebsmittel.

Die Netzwechselspannung wird gleichzeitig über ein EMV-Filter, einen Transformator dem Gleichrichter zugeführt. Der Gleichrichter wandelt die Wechselspannung in eine Gleichspannung um, die zur Ladung des Akkumulators verwendet wird. Unterspannungen und Überspannungen des Stromnetzes werden vom Spannungsregelkreis AVR ausgeregelt. Abweichungen von der Nennspannung (230 V) sind bis zu ± 20 % zulässig. Bei größeren Abweichungen oder bei einem Netzausfall wird über eine elektronische Steuereinrichtung der Umschalter betätigt. Die vom Wechselrichter umgesetzte Gleichspannung des Akkumulators in eine Wechselspannung steht dann als Betriebspannung am Ausgang der USV für die angeschlossenen Betriebsmittel zur Verfügung. Der Umschaltvorgang vom Normalbetrieb in den Akkumulatorbetrieb dauert zwischen 2 ms und 4 ms. Ist die Störung behoben, wird wieder in den Normalbetrieb geschaltet und der Akkumulator wird nachgeladen.

Die USV der Schutzklasse 2 wird für Leistungen bis 5 kVA verwendet. Sie wird für kleinere Netzwerke oder Fernmeldeanlagen verwendet.

12.3 USV-Schutzklasse 3

Eine USV der Schutzklasse 3 sichert ihre Ausgangsspannung nur gegen die Netzstörung Netzausfall ab. Spannungsschwankungen und Spannungspitzen werden nur bedingt behoben (siehe Bild 1, Seite 79). Sie arbeitet im **VFD**-Betrieb (**V**oltage and **F**requency **D**ependent: abhängig von der Spannung und der Frequenz). Die Ausgangsspannung ist also abhängig von der Höhe der Netzspannung und ihrer Frequenz. Eine andere Bezeichnung für die unterbrechungsfreie Stromversorgung der Schutzklasse 3 ist **Offline-USV**.

Der prinzipielle Aufbau der USV gleicht dem Aufbau der USV der Schutzklasse 2; jedoch ohne den Spannungsregelkreis AVR. Die Netzspannung wird über den Umschalter an das Ausgangsfilter geschaltet. Die angeschlossenen Betriebsmittel beziehen ihre Versorgungsspannung direkt aus dem Netz. Unterspannungen und Überspannungen werden, solange sie innerhalb der zulässigen Toleranz liegen, direkt an die Betriebsmittel weitergegeben. Liegt die Netzspannung außerhalb der Toleranz oder kommt es zu einem Ausfall der Netzspannung, wird innerhalb von 4 ms bis 10 ms umgeschaltet auf die elektrische Energieversorgung vom Akkumulator über den Wechselrichter. Spannungseinbrüche und Spannungsspitzen, deren Zeitdauer kürzer als die Umschaltzeit sind, werden nicht erkannt und deshalb auch nicht behoben.

Die VFD-USV ist für den Schutz von Personal Computern PC ausreichend. Die Umschaltung von der Netzversorgung auf die USV in der maximalen Umschaltzeit von 10 ms führt bei PC noch nicht zu Ausfällen. Bei anderen Rechnersystemen (z. B. Server oder Knotenrechner) kann es allerdings in dieser Zeit zu Datenverlusten kommen.

Aufgaben

1	Welche Aufgaben haben unterbrechungsfreie Stromversorgungen in einem lokalen Netzwerk?
2	Erläutern Sie die prinzipiellen Wirkungsweisen der unterbrechungsfreien Stromversorgungen der Schutzklassen 1, 2 und 3.

SACHWORTVERZEICHNIS

Ziffern

A

B

C

D

E

F

G

H

I

K

L

M

N

O

P